모든 것이 은총이었다
파푸아뉴기니에서 알래스카까지

박보경 오틸리아

모든 것이
은총이었다

교회인가 | 2025년 5월 7일(서울대교구)
초판 1쇄 | 2025년 8월 20일

지 은 이 | 박보경
엮 은 이 | 한국외방선교회
펴 낸 곳 | 기쁜소식
등 록 일 | 1989년 12월 8일
등록번호 | 제1-983호
02880 서울 성북구 성북로5길 44(성북동1가)
☎ 02·762·1194-5 FAX 02·741·7673
E-mail : goodnews1989@hanmail.net

ⓒ 박보경, 2025
ⓒ 최민순, 「님·밤」, 2022, 가톨릭출판사.
성경 ⓒ 한국천주교중앙협의회, 2025.

ISBN 978-89-6661-337-3 03230

값 15,000원

이 책은 저작권법에 의해 한국 내에서 독점적인 권리를 갖는
저작물이므로 무단전재와 무단복제를 금합니다.

모든 것이 은총이었다

파푸아뉴기니에서 알래스카까지

한 발짝만 더 나가면 햇볕이 있는데
굴속 음달에서 슬픈 날을 보냈습니다.
이제 다시 햇볕 아래로 나가
내 마음만큼 열린 하늘을 더 넓게 보고
내 생각만큼 깊은 바다를 더 깊이 느끼는
아침을 맞이하겠습니다.

이제 압니다. 당신께서 처음 하늘과
땅을 만드시던 마음 한구석에
내가 있었음을
이제야 눈물 끝자리에서 알았습니다.

- 이어령(2022) 《헌팅턴비치에 가면 네가 있을까》
  욥의 노래, 열림원

사진_모잠비크 마루파 성당

시작글

지금 생각하니 모든 것이 은총이었다

우연한 기회에 한국외방선교회 후원회원이 되어 2004년 파푸아뉴기니 '마당'(Madang)대교구 방문을 시작으로 모잠비크, 멕시코, 알래스카 등에서 선교하고 계시는 신부님들을 만나 뵙고 왔다.

20년 전 맨 처음 파푸아뉴기니 방문 때, 석기시대와 21세기가 공존하는 그곳에 한국의 젊은 신부님들이 자기의 언어와 자신의 발길이 수없이 닿았던 이 땅 그리고 30년 넘게 누렸던 문명 생활을 포기하고 그분들과 석기시대를 살고 계셨다. 그 충격은 상상 이상이었고 이해되지 않았지만, 곧 존경심으로 바뀌었고 그 어려운 환경에서도 기쁘게 살고 계시는 신부님들을 통해, 내가 신앙생활을 하는데 어떤 마음가짐으로 하느님을 바라고 살아가야 하는지, 어떤 시선으로 세상과 사람을 바라봐야 하는지 생각하게 되었다.

신부님들 공소 방문 때 현지인들과 험한 산길을 걸어가시는 모습을 뒤따라가다 보니, 박해 시대 때 '한실마을'로 피신하기 위해 깔래 신부님과 박상근 마티아가 백화산을 오르던 모습이 연상되면서 울컥하는 마음에 눈시울이 뜨거워졌던 적도 있었다. 그때 선교사들에게 '조선'은 얼마나 오지였을까? 어디서도 배울 수 없는 언어와 들어본 적도 없는 문화를 어떻게 순명하셨을까?

파리외방전교회 신부님들이 느꼈을 엄청난 이질감을 지금도 감내하고 사랑하기까지 하는 한국외방선교회 신부님들이 순교에 버금가는 생활을 하고 계셨다. 선교사의 눈에는 기억하지도 못하는 일상적인 일이 신자의 시선으로는 도저히 납득되지 않는 기가 막히는 경험들이었다. 선교지 어디에서든 가장 외딴곳에서 두렵고 외롭지만, 오직 사랑으로 행복하게 살고 계시는 신부님들!!

20년이 넘은 기억을 당겨오는 것이 쉽지는 않았지만 다행히 그때의 벅찬 감동과 뜨거웠던 떨림, 수시로 흘러내리던 눈물, 안쓰러워서 아팠던 마음은 고스란히 그날처럼 내 가슴속에 눈물 속에 생생히 있었다.

신부님들은 말라리아에 걸려서 40도를 오르내리는 고열에 시달릴 때, '밤새 찬물로 샤워를 한다.'고 말씀하신다. 나는 그 샤워가 어떤 것인지 안다. 내 언어와 시선으로 표현하자면, 글쎄 샤워실이라고 해야 하나? 시멘트 바닥이 여기저기 떨어져 나간 울퉁불퉁한 세면장에서, 낮의 뜨거운 태양 아래 물탱크에서 한껏 달궈졌던 뜨뜻한 녹물을 바가지에 담아서 밤새도록 끼얹는 것이다.

여기에 쓴 글은 나의 이런 시선으로 쓰인 것이다. 다 기억할 수는 없지만 내 개인적인 감정과 작은 기억들을 꺼내 놓은, 빛바랜 신부님들 사진 같은… 그러나 어느 선교지 이야기든지 계속 망설이고 또 망설이고 조심하는 이유는 내가 보이는 것만 보고, 보고 싶은 것만 보다 보면 신부님들의 깊은 고민과 내면의 갈등은 간과할 수밖에 없기 때문이다. 어떻게 감히 헤아릴 수 있겠는가!

나의 시선이 신부님들의 마음과 정서에 다른 부분에 대해서는 먼저 용서를 청한다.

차례

시작글 •5

1장 파푸아뉴기니(2004)
첫 선교지 체험, 파푸아뉴기니 •16
파푸아뉴기니에서 첫날 밤, 어둠에 대하여 •20
1년에 세 번 만날 수 있는 신부님 •23
드디어 본당 방문, 할로파 성당으로 •28
시시악 성당을 위한 기도 •34
마남섬 가는 날 •36
'마당'에서 마지막 날 •43
파푸아뉴기니에 축복을!! •47
마지막 에피소드, 김지한 신부님 방에 대한 고찰 •49

2장 파푸아뉴기니(2006)
파푸아뉴기니에서 다시 아침을 •52
울링간 성당에서 개미와의 동침 •54
하느님이 지어주신 그 모습 그대로 •55
끝까지 견디어 낸 이들은 행복하다 •57
파푸아뉴기니 파견 25주년 기념 미사에서 •62

3장 모잠비크(2007)
모잠비크의 또 다른 향기를 찾아서 •66
희망이 없어도 희망하며 •70
시마와 건포도 •73

모잠비크의 슈퍼맨 신부님 •77
지흰이와 함께 1, 미안해 지흰아 •79
지흰이와 함께 2 •81
지흰이와 함께 3, 지흰이 실종 사건 •83
지흰이와 함께 4 •85
여기서 어떻게 살아요? •87

4장 모잠비크(2010)

다시 또 모잠비크로! •90
보이지 않는 길 •92
마주네 성당, 반짝반짝 빛나는 •95
숨 쉬는 것 모두 주님을 찬양하여라 •98
마루파 떠나는 날, 26시간의 대장정 •101
모잠비크에서 살아요 •111

5장 파푸아뉴기니(2016)

여기 파푸아뉴기니 맞아? •116
첫날 •117
미지의 땅 멘디, 엄마 목소리 •119
인간이 무엇이기에 이토록 사랑하십니까 •123
무지하게 더운데 천국이다 •126
오늘도 험난했던 집으로 가는 길 •128
홍콩에서, 이방인 •130

6장 대만(2008, 2015)
해님만 내님만 보신다면야 •134

7장 캄보디아(2011)
신부님의 아침 쌀국수 •138
메콩강의 눈물 •140
프놈펜(Phnom Penh)에서 희망을 •142

8장 멕시코(2012)
자랑스럽고 또 자랑스러운 우리 신부님 •146
캄페체의 착한 목자 •148
지발첸의 먼지와 거미줄 •152
첫 성모 발현지 과달루페 •154

9장 필리핀(2013)
바기오의 바람 •158
나는 여기가 좋아요 •160
신부님은 우리에게 행운입니다 •162

10장 알래스카(2017)
홀리 크로스 성당, 다른 종류의 벅찬 감동 •166
성모님과 함께했던 나의 방 •168

11장 파푸아뉴기니(2023)

그리운 파푸아뉴기니로 • 172

드디어 미지의 땅 멘디에 가다 • 174

영원한 사제 • 180

폼베렐의 웃음과 슬픔 • 182

파푸아뉴기니의 '동막골' 쿠투부 가는 길 • 186

쿠투부의 하루 • 192

사랑을 잊지 않으십니다 • 195

천천히 가도 좋아 멈추지만 않는다면 • 199

오늘은 '마당'을 갈 수 있으려나 • 202

그리운 '마당', 7년 만의 재회 • 203

가장 이쁜 상차림 • 206

죄와 용서, 이제는 제 눈이 당신을 뵈었습니다 • 209

'무길' 본당에서 • 211

오늘도 무사히! 주님은 하느님, 우리를 비추시네 • 214

신부님을 기억합니다. 김순겸 사도 요한 신부님 • 215

신부님을 기억합니다. 이후진 마티아 신부님 • 218

사랑하고 또 사랑하고픈 • 220

마침글 • 222

파푸아뉴기니에서 알래스카까지

1장
파푸아뉴기니

2004.07.

첫 선교지 체험,
파푸아뉴기니

    시작은 순전히 호기심 때문이었다. 내가 언제 파푸아뉴기니에서 그분들의 사는 모습을 가까이에서 볼 수 있을까라는.

    싱가포르를 경유해서 6시간 만에 파푸아뉴기니 수도 포트모르즈비(Port Moresby) 국제공항에 도착했다. 사실 싱가포르에서 에어 뉴기니를 탈 때부터 땟국물이 꼬질꼬질한 시트, 머리카락이 여기저기 붙어있는 담요에 우리를 제외한 승무원들과 모든 탑승객의 피부가 검은색이라는 것이 생각지도 못했던 긴장감으로 다가왔다. 한 자매는 옆자리에 앉은 남자 승객 때문에 줄곧 화장실 옆에 서 있었다. 이런 난감함이 있을 줄은 상상도 못 했다. 우리 신부님들은 그분들과 함께 사시는데… 시작부터 부끄러운 마음으로 파푸아뉴기니와 만났다.

파푸아뉴기니의 새벽은 후끈했지만 상쾌했다. 수도에 있는 국제공항이지만 우리나라 시골 기차역보다도 작아서 수하물을 찾아서 몸을 옆으로 돌리기만 하면 바로 국내선 수하물을 싣는 곳이다. 몇 안 되는 승객이었지만 수속 시간은 한참이나 걸렸다.

우리의 최종 목적지 '마당(Madang)'으로 가는 국내선이 오후에 출발하는 것이어서 포트모르즈비에서 활동하고 계시는 한국에서 파견된 까리따스 소속 수녀님들의 도움으로 오전을 보내고 드디어 '마당'으로 출발했다. 아주 작은 비행기를 타고 신부님들이 계시는 '마당'에 내렸다. 그런데 아무리 봐도 활주로가 안 보인다. 우린 분명히 비행기에서 내렸는데… 우리나라 시골 주유소만 한 공항이었다. 비행장이라고 할만한 활주로도 울타리도 경계도 없다.

황당해하고 있을 때 저쪽에서 달구지가 온다. 진짜 달구지. 거기에는 우리 가방과 화물이 실려 있었고 누가 시키지 않았는데도 우리는 얼른 자기 가방을 찾아 내렸다. 놀라거나 힘들어하지도 않고… 얼마나 빠른 적응인가!

밖으로 나가는 경계나 문도 없이 저쪽에 우리 신부님들이 나란히 서서 환하게 웃고 있는 모습이 보였다.

김지한 신부님, 김일영 신부님, 이동윤 신부님, 장호창 신부님 모두 반팔 티셔츠에 반바지에 쪼리(엄지발가락 슬리퍼)를 신고 있었다. 현지인들과 큰 차이 없이 똑같이…

신부님들의 회색 티셔츠는 처음부터 회색이 아니었음이 확실하다. 처음엔 분명 흰색이었을 티셔츠가 (우기 때 물탱크에 받아놓은 물을 사용하니 웬만하면 녹물이 든 것이다.) 회색이 된 것이 어떠리. 저렇게 당당하고 행복해 보이시는데. 신부님들과의 첫 대면부터 무턱대고 존경스러웠다. 여기에 사시는 것만으로도 충분히. 트럭 짐칸에 비닐로 지붕을 만든 파푸아뉴기니의 버스(?)를 타고 출발!

높은 야자나무와 바나나 나무가 뽀얀 흙먼지를 뒤집어쓴 채 길가에 널려있고 맨발의 주민들이 스쳐 스쳐 버스를 지나친다. 트럭의 덜컹거림에 엉덩이가 아파서 엉거주춤 앉은 자세로 난간을 부여잡고 안간힘을 쓴다. 떨어지지 않으려고. 와-우 진짜 파푸아뉴기니에 왔구나!

호수 같은 바다를 끼고 있는 알렉시샤펜(Alexishafen) 피정센터에 짐을 풀고 정성스레 준비하신 저녁을 먹었다. 형님 한 분이 우리나라에서 풋고추를 이만큼 가져오셨다. 세상에 여기서 된장에 풋고추라니, 신부님들은 너무나 좋아하셨고 고추장에 멸치에 진수성찬이 이보다 더 맛있을 수 있을까? 파푸아뉴기니 라면이 국으로 나왔는데 멀건 국물을 깊게 휘저으면 라면땅만 한 짧은 면발이 붕 떠오른다. 몇 개 안 되는 면을 어렵게 떠먹는 재미도 쏠쏠했다.

한국에 돌아와서 라면만 보면 신부님 생각이 났다. 우리 신부님들이 말라리아에 걸려서 아프고 힘들 때나, 손님 신부님이 오셨을 때 대접하시는 귀한 음식이 라면수프국(?)이라고 한다. 우리나라 라면수프를 아끼고 아껴두었다가 말라리아에 걸려 고열에 시달리다가 회복될 때쯤, 라면수프 끓인 물에 밥을 말아서 먹으면 세상에서 제일 맛있는 보약을 먹는 것 같다고 하신다.

신부님들이 가장 좋아하고 아끼는 비상식량이 한국산 라면 스프라니!

파푸아뉴기니에서 첫날 밤,
어둠에 대하여

　지금 생각하면 뭐가 그리 무서웠을까. 우리 숙소 알렉시샤펜 피정 센터는 아주 오래된 목조 건물이었다. 각자 방 하나씩을 배정받았는데 꽤 널찍한 방에 오래된 나무 침대 (여기서 나무 침대는 합판을 여러 장 얹은 듯한 나무판자 위에 스펀지 두 겹 정도의 매트리스를 올린 것을 말한다.) 두 개, 작은 책상과 의자, 안 어울릴 듯 어울리는 낡은 1인용 안락의자와 높은 천장 그리고 발걸음 옮길 때마다 삐걱거리는 검은 마룻바닥. 꼭 서부 영화에 나오는 겨우겨우 명맥을 유지하는 낡은 호텔을 연상시킨다. 그래도 다행인 건 비록 녹물이지만 샤워를 할 수 있다는 것이다. 물론 샤워를 하다가 물이 안 나와서 퍼다 나른 적도 있지만⋯

그때는 몰랐다. 뜨뜻한 녹물이라도 씻을 수 있다는 게 얼마나 행복한 것인지를. 묵주기도를 드리고 빨리 잠들 줄 알았는데 괜시리 썰렁해서 옆 방 자매님의 방문을 두드려보고 '잘 자.'라는 인사만 하고 돌아와 누웠다.

멀리서 혹은 가까이에서 이 방 저 방에서 들리는 삐걱거리는 소리가 마치 공포 영화에서 들려오는 소리 같았다. 모든 방에서 사람들이 잠 못 자고 서성거리는 소리였다. 아무튼 방 분위기만으로도 (특히 높은 천장과 삐걱거리는 검은 마룻바닥) 충분히 무서웠다. 그때 전기가 나가면서 세상이 캄캄해졌다. 모두 놀라서 복도에 나와 웅성거리고 있을 때, 플래시를 들고 나타난 김지한 신부님이 '여기는 파푸아뉴기니입니다. 그냥 주무세요.' 하신다. 고분고분 말 잘 듣는 학생처럼 방으로 들어왔는데… 코앞에 있는 내 손이 보이지 않았다.

우리가 사는 한국에서라면 전기가 나가더라도 어딘가 멀리 있는 불빛 때문에 조금 지나면 가까이 있는 것은 분간할 수 있을 정도의 어둠인데, 그날 알렉시샤펜은 달빛조차 없었는지 어떠한 빛도 없는 완벽한 어둠이었다. 어디서도 빛을 기대할 수 없다는 것을 알았을 때 공포감이 절망으로 다가왔다. 계속 이런 어둠이면 어떡하지?

일천 년 만에 찾아온 생전 처음 보는 밤의 어둠을 '전설의 밤'*⁾ 사람들도 이렇게 두려웠을까? 조금 후에 불이 다시 들어왔지만 기뻐하기보다 이미 맛본 어둠이 또 닥칠까 더 두려워졌다. 다음 날 아침 어젯밤의 일을 다투어 얘기하며 모두 똑같이 지금까지 경험해 보지 못한 새까만 어둠을 무서워했다.

신부님들이 사는 곳은 대부분 외딴 정글 속이거나 바닷가이고 전기가 들어오지 않는다는 것을 그때는 몰랐었다. 분에 넘치게 무서워했던 것이 나중에 부끄러워졌다. 다음날 신부님이 초 하나씩을 주셨는데, 와-우 천군만마보다 더 든든했다.

---

*) 아이작 아시모프 '전설의 밤'

1년에 세 번 만날 수 있는 신부님

　새소리가 아침을 깨운다. 어젯밤 무서워하면서 어찌어찌 잠이 들었었다. 감사드리며 오늘도 생각과 말과 행위를 평화로 이끌어주시길 기도한다.

　교통편에 전용 버스라고 쓰여 있었는데 트럭 짐 싣는 칸에 철퍼덕 앉아 가는 거다. '철퍼덕'에 적응하려면 아직 시간이 더 필요하다. 엉덩이뼈가 너무 아팠다. 헉…

　아무튼 이 버스를 타고 주교님을 찾아뵈었는데 말씀의 선교 수도회(신언회) 소속 폴란드 주교님은 40년을 이곳에서 사셨단다. 주교님 모습에서 훗날 우리 신부님들의 모습이 보이는 듯했다. 초라해 보이셨지만 겸손과 기품과 우아함이 절로 배어 나오는…

지부로 돌아올 때 들른 '선교사 묘역'에는 영원한 이방인이 되신 선교사들이 잠들어 있었다. 작고 초라한 십자가 묘비를 하나씩 들여다보니 20대에 여기 오셔서 몇 개월 혹은 1년도 채 안 되어 돌아가신 분도 있었고, 많은 선교사가 젊은 나이에 짧은 활동을 하시고 돌아가신 게 안타까웠다. 그렇게 몇 년도 안 되어 돌아가신 분들은 아마도 말라리아로 돌아가셨을 거라고 하신다.

넓지 않은 선교사 묘역에는 빼곡히 십자가 묘비가 있었고 사람의 손길이 많이 부족해 보이긴 했지만, 그분들이 살다 간 고귀한 자취는 숨길 수 없이 빛나고 있었다.

파푸아뉴기니 선교사 묘역

그리고 지부에서 모든 신부님과 우리 일행이 함께 감동의 첫 미사를 드리는데 뭔지 모를 뜨거운 것이 미사 내내 울컥울컥 올라왔다. 후원회원들의 공식적인 첫 선교지 방문에 준비하는 내내 설레고 가슴이 두근거렸다는 장호창 신부님 말씀에 또 눈시울이 빨개졌다. 특히 선교지 방문 내내 장호창 신부님의 여기저기 기워입은 바지가 자꾸 왔다 갔다 한다. 공소를 방문하려면 아무리 더워도 긴 바지를 입어야 하는데 정글을 다니다 보면 바지가 성할 날이 없다는 것이다.

1981년 한국외방선교회에서 한국 교회 역사상 최초로 선교사를 파견한 파푸아뉴기니는 우리나라 면적 두 배가 넘는 섬나라이면서 600개 이상의 섬에 800개가 넘는 부족들이 각각 자기들의 부족 말을 쓰며 정글 속이나 바닷가에 뿔뿔이 흩어져 살고 있다. 그러다 보니 한 본당에서 적으면 10개에서 50개가 넘는 공소를 관리한다. 공소가 많다는 것은 신부님의 엄청난 수고로움이 필요한 것이다.

부활 대축일, 성모승천 대축일, 성탄 대축일. 이렇게 1년에 세 번 의무적으로 공소를 방문하는데 한 번 방문에 한 달 정도 걸린다고 한다. 공소와 공소 사이가 가까운 곳은 4시간, 먼 곳은 8시간 이상 거리에 있어서 하루에 8시간에서 10시간 동안 산을 넘고, 사람 키보다 더 큰 풀숲을 부시 나이

프(bush knife. 밀림용 칼)로 베어 가면서 정글 속을 걸어서 방문하신다니(대부분 원시림에 가까우니 당연히 교통수단은 오로지 걷는 것뿐이다.) 덥고 목마르고 지쳐서 죽을 것 같아 '내가 왜 선교사가 되었지.' 후회할 때쯤 되면, 멀리서 '빠뗄!'(신부님) 하는 아이들 소리가 들리고 '아- 이제 다 왔구나.' 하신단다. 아이들이 손을 흔들며 뛰어오고 교우들이 멀리까지 마중 나와 신부님 기다리고 있는 것을 보면 힘들었던 것 순식간에 잊어버리고 진짜 어린 양들을 보듯이 그렇게 애틋하시단다. '얼마나 나를 기다렸을까!!' 1년에 세 번 만날 수 있는 신부님!!

미사도 봉헌하고 고해성사도 주고 상담도 하고, 환자가 있으면 약도 주고 때로는 치료도 하고, 할 일이 너무 많아서 쉴 틈이 없어도 신부님 기다렸을 교우들을 생각하면 힘든 줄도 모르고 오히려 그 시간이 하느님을 체험하는 시간이라고 하신다. 하지만 문화 차이로 겪는 외로움보다, 문명에서 완전히 동떨어진 상실감보다, 그 무서운 말라리아보다 더 힘들 때도 있다고 하신다. 세상에나! 하느님 현존에 대한 확신 없이 가능한 일일까?

너는 멜키체덱과 같이 영원한 사제다.(히브 7,17)

드디어 본당 방문,
할로파 성당으로

본격적인 파푸아뉴기니 탐험(?)이라니 기대 반 걱정 반으로 어느 정도 익숙해진 전용 버스로 한참을 달려 할로파(Halopa) 입구에 도착하자 할로파 본당 신부님이신 김순겸 신부님이 마중 나와 계셨다. 걸어서 4시간 정도 올라가 산꼭대기에 있는 성당이라고 하신다. 사륜구동차로 산길을 올라가야 하는데 너무 험하고 위험해서 길에 익숙한 김순겸 신부님이 두 번 왔다 갔다 하셨다. 역시나 짐칸에 쪼그려 앉는데 아무리 힘껏 양쪽 난간을 잡고 있어도 몸이 튕겨 나가서 낭떠러지로 떨어질 것 같았다.

모두 차에 납작 엎드린 채 서로 부둥켜안고 필사적으로 난간을 부여잡았다. 한쪽은 정글이고 한쪽은 낭떠러지인 좁은 구간도 무사히 지났는데 경사가 아주 급한 곳에서 깊은 웅덩이에 바퀴가 빠져버리고 말았다. 계속 헛바퀴가 돌자, 나영호 신부님, 김지한 신부님이 내려서 차를 한참 밀고 나서야 겨우 빠져나왔는데…

'여기에 패션쇼 하러 왔냐?'고 김지한 신부님한테 그렇게 구박을 받으면서도 한껏 멋을 내고 오신, 나영호 신부님의 작은 꽃무늬가 있는 흰 셔츠와 베이지색 마바지가 진흙탕물로 엉망이 되었다. 어려서부터 누나들 옷을 입고 컸고 어른이 되어서는 신학생과 신부님으로 살다 보니 옷에 한이 많다던 신부님은 그날도 그 한을 풀지 못했다.

계곡을 지나고 산등성이를 넘어 낭떠러지를 지나 밀림 속에 난 길을 뚫고 드디어 성당이 보이기 시작한다. 다 왔구나! 안도하는 순간, 길 양쪽에서 교우들이 꽃 세례를 뿌려준다. 이렇게 멋지고 많은 꽃비는 처음이었다. 옷이고 머리고 주머니 속에도 가방 속에도 꽃잎이 들어와 꽃물이 몽땅 들었어도 우리는 너무 행복했다. 바다가 보이는 산꼭대기 마을. 작고 이쁜 성당. 정말 이뻤다.

김순겸 신부님이 할로파 성당에 처음 오셨을 때, 8년 만에 본당 신부님을 맞이하는 신자들의 눈은 기쁨과 설렘이 가득했다고 한다.

그동안 비어 있던 사제관은 지진으로 바닥은 내려앉았고 벽에는 여기저기 구멍이 뚫려있고 부엌은 무너져서 흔적조차 없었고 화장실과 나머지는 온통 풀로 뒤덮여 있었다. 막막한 마음으로 맞이한 첫날 밤, 칠흑같이 어두워진 주위에 인기척 하나 들리지 않고(그 산꼭대기 숲속에 성당만 덜렁 있었다.) 풀벌레 우는 소리만 가득한 곳에서 호롱불을 밝히고 혼자 맞는 밤. 그 넓고 깊은 밀림의 고요와 어둠 속에서 '나 혼자구나!' 생각하니 외로움과 두려움이 밀려오고 '여기서 어떻게 살아가지…' 잠이 오지 않았다고 하셨다.

하지만 다음날부터 정신을 차리고 청소하기 시작하는데 거기는 완전히 뱀의 소굴이었다고 한다. 들추고 꺼내는 곳마다 뱀이 있었다고. 사제관의 바닥과 벽의 구멍이란 구멍은 모두 나무를 대어서 막고 하나하나 고쳐나갔다. 밀림의 나무를 기증받아 신부님과 신자들이 함께 나무를 자르고 다듬고 지고 나르고 이렇게 땀 흘려 본당 교육관도 새로 지었다. 이렇게 신부님은 신자들과 힘을 모아 공동체를 이끌어가고 있었다.

많은 현지 교우와 함께 드리는 첫 미사. 어른들은 물론 아이들까지도 조용하고 예의 바르게 미사에 집중하는 모습이 이뻤다. 한국어와 피진어로 번갈아 가면서 미사를 집전하시는데, 오랜만에 모국어로 미사드리는 신부님, 현지 신자들 그리고 우리 모두에게 오래 기억될 미사였다.

죄인이었던 마리아 막달레나가 끝까지 주님을 따르는 마리아 막달레나 축일 강론은 매일매일 의심하는 내게 이렇게 당신을 보여주고 싶으셨던 건지. 꼬리에 꼬리를 무는 내 신앙에 대한 의문은 여기서도 이어졌다.

미사 후에 교우들이 준비한 점심은 진수성찬이었다. 마당에 낡은 책상 몇 개를 이어 만든 탁자에는 플라스틱 세숫대야마다 음식이 가득가득 담겨 있었다. 세숫대야 그릇 가장자리는 여지없이 새까만 때가 자연스럽게 묻어 있고, 쌀밥, 얌, 옥수수, 새우, 야채들, 야자 가루로 만든 풀같이 생긴 죽, 닭고기, 돼지고기, 튀김 등등.

아마도 제일 풍성하고 정성 가득한 손님상으로 기억된다. 마을 잔치로 각자 접시에 골고루 담아서 마른 땅이나 풀섶을 찾아 원주민들과 함께 옹기종기 앉았는데… 마치 짐승 발바닥 같은 맨발로 질퍽한 땅을 왔다리 갔다리하던 아이들과 엄마들이, 음식을 만들면서 하수구 역할을 하던 물 버리는 젖은 땅 위에 그냥 앉아서 밥을 먹는다. 바로 옆에 마른 땅도 많은데…

선교지 방문을 하면서 지금까지도 내게 가장 큰 충격적인 장면이었다. 그때 메모장에는 이렇게 적혀 있었다. '이분들을 불쌍히 보아야 하나 부러워해야 하나 잠시 헷갈린다.'

신부님들은 당연히 안쓰럽다. 문명 생활을 하던 분들이 이런 밀림 속에서 혼자서 그들과 함께 사는 것이 얼마나 힘들고 외로울까? 아무리 '너희는 온 세상에 가서 모든 피조물에게 복음을 선포하여라.'(마르 16,15) 하신 말씀에 '제가 여기 있습니다.'(이사 6,8 참조) 라고 스스로 순명한 삶이라고 해도.

신부님들은 원하시던 대로 그분들과 똑같이 살고 계셨고 우리들의 안쓰러운 마음과 달리 신부님은 너무 행복해 보였다. 그런데 처음부터 그랬던 건 아니라고, 무수히 깨지고 무수히 부서지고, 무수히 인내해서 얻은 행복이라고 고백하셨다. 행복한 사제로 살게 해주시기를 또 청하며 기도드린다.

"저의 주님, 저의 하느님!"(요한 20,28)

할로파 성당

시시악 성당을 위한 기도

　시시악(Sisiak) 성당은 지부에서 가까운 시내에 있는 성당이었다. 성당이 제법 크고 신부님의 세심한 손길이 느껴지는, 깨끗했지만 학교도 성당도 다른 곳보다 더 허름하고 많이 삭막해 보였다.

　정글에서조차 살지 못하는 가난한 이주민들이 사는 빈민촌 지역이라 성당에 나올 수 없는 사정이 많다 보니 신부님들이 신자를 찾아다니며 미사를 드리기도 한다고 하신다. 원래 원주민들이 잘 웃는 사람들인데 여기 신자들은 우리가 아무리 웃어도 같이 웃지를 않는다. 웃음을 잃어버릴 만큼 힘드신 건지. 하지만 우리를 위해 준비한 음식에서 보이는 정성이나 슬그머니 다가와 손을 잡아주는 부끄러움에서 그분들의 본래 마음이 따뜻했음을 충분히 알 수 있었다. 그분들을 위해 기도드리며…

본당 신부님이신 이동윤 신부님은 우리가 파푸아뉴기니에 머무르는 동안 늘 우리 뒤치다꺼리를 해주셨다. 일정을 끝내고 돌아오면 언제나 맛있고 시원한 각종 열대 과일이 준비되어 있었다. 지금은 우리나라에서도 먹을 수 있는 패션후르츠를 파푸아뉴기니에서 20년 전에 처음 먹었다. 거기서는 스윗후르츠라고 불리는 이 과일은 새콤달콤하면서 과일 속 생김새가 개구리알 같아서 생김새도 식감도 맛도 신기해서 재미있게 먹었다. 더울까 봐 지칠까 봐 세심히 챙겨주고 목마를 때쯤이면 꿀나와(코코넛)를 먹기 좋게 따주셨다. 오늘도 숙소로 떠나는 차 안에다 바나나 바구니를 또 들여놓으신다.

　매일 저녁 옹기종기 숙소 마당에 모여 이야기를 나누었다. 신부님들 신학교 시절 이야기부터 파푸아뉴기니에서 겪은, 죽을 때까지 비밀로 하고 싶으시다던 화장실이 없어서 생긴 웃지 못할 이야기까지. (우리는 배꼽이 빠지도록 웃었지만 신부님들의 인권 보호를 위해 영원히 비밀로 하기로 했다.)

　하늘은 맑고 푸르르고 개코(도마뱀)들은 새소리처럼 울고,
　꽃들은 자지러지고 바다가 보이는 곳 파푸아뉴기니에서⋯
　　　　　　　　　　　　　　알렉시샤펜에서⋯

마남섬 가는 날

간단한 옷가지와 세면도구를 챙겨 1박 2일 일정으로 마남(Manam)섬 가는 길. 아침 6시 30분에 출발해서 2시간을 달려 바닷가에 도착했다. 작은 배 두 척이 기다리고 있었는데, 한 척은 모터보트였고 다른 한 척은 모터를 달은 작은 쪽배였다. 한 배에 일고여덟 명이 서로 부대끼며 겨우 앉아야 하는 작은 배였는데 이 배를 타고 우리는 겁도 없이 구명조끼도 없이 남태평양에 뛰어들었다.

마남섬은 본토에서 10km 떨어져 남태평양에 있는 화산활동이 활발한 작은 섬이다. 사실 마남섬에 대한 정보가 하나도 없었기에 무식해서 용감했던 것 같다. 단지 우리 신부님이 그 섬에 계신다는 이유만으로.

일곱 명이 배에 타자 작은 배는 물속으로 푹 주저앉는데 물 위에 떠 있는 부분은 불과 몇십 센티밖에 안 되었다. 팔을 난간에 내놓으면 힘을 주지 않아도 그냥 손이 바닷물에 잠길 정도로. 속도를 내기 시작하자 뱃머리와 옆에서 바닷물이 쉴 새 없이 튀고 때로는 뒤집어쓰기도 하고 옷은 금세 짭짤하게 절여졌고 어찌할 수 없이 작은 배에 몸과 마음을 모두 맡기자, 처음의 두려움은 사라졌다.

　육지에서 멀어지면서 바다 한가운데로 나오자 파도가 제법 높아졌다. 멀리서 보면 잔잔해 보이는 바다였지만 그 위에 떠 있는 작은 우리 배는 몹시 흔들렸다. 옆에서 같이 가던 우리 일행이 탄 배가 파도에 가려져 보였다 안 보였다 하기를 반복한다. 그게 더 무서웠다. 배가 또 안 보였다가 보인다.

　한 시간 반쯤 달리자 갑자기 구름에 반쯤 가려져 있던 섬이 조금씩 모습을 드러내는데, 활화산이라 꼭대기에서는 연기가 무럭무럭 피어오르고 섬에 가까이 다가가자 새까만 모래 위에 아이들이 꼬물락거리고 보일 듯 말 듯 잘 보이지 않는다. 화산재로 인해 바닷가 모래, 바위, 흙 모든 게 새까맣다.

준비가 덜 되었다고 잠시 기다려달라는 연락에 석유 냄새 진동하는 배에서 울렁거리는 속을 달래며 기다리기를 십여 분. 놀라지 말라는 임정욱 신부님의 말이 떨어지자마자 온몸에 까만 칠을 한 나무막대를 든 청년들이 달려 내려와 막 배에서 내리려는 우리를 공격한다. 흉내만 내는 게 아니고 진짜 때리는 바람에 얼른 몸을 숨겨 배 바닥에 납작 엎드렸다. 배 앞 갑판을 두드리고 소리 지르며 나무 열매가 달린 막대를 휘두르는 통에 우리는 혼비백산 난리도 아니었다. 옛날에 선교사들이 섬에 들어왔을 때 원주민들이 자기들을 공격하는 줄 알고 못 들어오게 방어했던 장면을 재연한 환영식이었다. 아무튼 모든 옷과 가방이 엉망진창이 되고 우리는 거지꼴로 섬에 발을 내디뎠다.

　산에 올라 마을에 들어서자, 추장이 리더가 되어 원주민들의 전통춤으로 우리를 성대히 맞아주었다. 섬 주민들이 다 나온 듯 엄청 많은 사람들이 성당 앞에 모여 있었다. 이렇게 많은 사람들(우리 일행 열다섯 명)이 한꺼번에 섬을 방문한 것이 처음 있는 일이라니 당연히 우리는 그분들에게 큰 구경거리였다.
　땀을 비 오듯 흘리며 땡볕에서 인파에 싸여 환영식을 마치고 마남섬 본당 주임신부님이신 이탈리아 할아버지 신부님을 뵙고 사제관 식당에 마련된 점심을 먹었다. 타는 듯한 더위에 녹초가 된 상태에서 배가 무척 고팠는데도 나는 잘 먹을 수가 없었다.

파푸아뉴기니에서 제일 귀한 손님이 오셨을 때 대접한다는 '무무'(Mumu: 땅을 파서 뜨겁게 달궈진 돌을 넣고 바나나잎으로 돼지고기를 싸서 놓고 그 위에 또 뜨거운 돌을 얹어서 오랜 시간 익힌 음식)와 무무 만들 때 같이 구운 바나나, 얌, 망고 등등. 맛있는 음식이 가득했는데 바나나 한 개, 무무 한 조각을 가지고도 절절 맸다. 그 와중에 기억에 또렷한 건 훈제 향기 가득 밴 돼지고기 '무무'가 무지하게 맛있었다.

잠깐의 휴식을 위해 배정받은 방으로 향했는데… 어떻게 표현할까. 알렉시샤펜 우리 숙소가 멋진 신축 건물같이 생각될 정도로 진짜 허름해 보이는 작은 건물에 나무로 발판을 해놓은 2층에 올라서니 복도를 가운데 두고 양쪽에 쭉 방이 있었다. 그 끝에 공동으로 사용하는 화장실 하나와 세면대 하나가 있었는데… 이게 화장실 맞나? 아마도 이 건물에서 사람이 자고 간 적이 있기나 한 건지 기억도 못 할 정도로 오래돼 보였다. 하나뿐인 세면대는 사용한 지가 얼마나 오래되었는지, 언제 한 번 닦기는 했는지 가늠하기 힘들었고, 결정적으로 물이 귀해서 변기와 수도꼭지에서 겨우 쫄쫄 나오는 상황이었다.

방에는 침대라기보다 나무로 만든 상판에, 누우면 바스러질 것 같은 스펀지 매트가 깔려 있었고 머리 위에는 침대마다 모기장이 있었지만 글쎄, 제 기능을 제대로 할 수 있으려나… 스치기만 해도 안 될 것 같았다. 전등은 틀만 있고 전구는 없는 상태(당연 전기는 들어오지 않는다.), 그래도 차에, 배에, 땀에, 더위에 지쳐 침대에 누웠는데, 함께 방을 쓰게 된 형님이 옆에서 계속 말을 시키는데 대답을 할 수가 없다. 형님 목소리가 아득히 멀어지면서 기절할 듯이 잠이 들었다. 30분쯤 잤나. 눈을 뜨자 몸의 땀기가 말라 있고 바람이 조금씩 들어와 시원해지니 다시 기운이 난다.

보좌 신부님으로 계시는 임정욱 신부님과 실습 나와 있던 우리 신학생의 안내로 해안가를 따라 마을 구경에 나섰다. 시간을 거슬러 석기시대에 온 것 같다고 해도 지나친 말이 아니다. 불씨를 보관했다가 나무로 불을 피워 음식을 하고 아주 작은 공간에서 많은 식구가 살고 있었다. 물론 세간살이랄 것도 없다. 옷은 입었지만 옷이 아니다. 피부 같은 옷에 맨발에, 죄송한 표현이지만 짐승에 가까워 보였다. 아직도 석기시대같이 살고 있는 곳이 존재하다니! 그리고 여기에 우리 신부님이 그분들과 함께 살고 있다니!

임정욱 신부님 형님이신 서울대교구 임승철 신부님은 동생이 있는 마남섬에 다녀가신 후에 한동안 앓고 힘들어하셨다고 한다. 어떤 마음이었을지 짐작하지만 아마도 우리보다 몇 배는 더 아프셨을 것 같다. 뭔지 모를 부끄러운 마음이 생기고 가슴이 미어지는데, 자신감 넘치고 행복해 보이는 신부님 얼굴이 그나마 위안이 되었다.

우리를 위해 특별히 신학생이 준비해 준 저녁을 허겁지겁 먹고 어둑어둑해지는 마당에 옹기종기 앉아 있을 때, 하늘에 환상적인 달무리가 나타났다. 손톱 반만 한 달을 중심으로 커다란 원을 그리고 달무리가 그려졌는데 달무리 테두리는 연한 무지개색으로 빛이 났다. 선교지에서 만나는 자연은 언제나 표현할 수 없을 정도로 아름다웠다.

금방 캄캄해지고 우리는 아무것도 할 수 없었다. 전기도 없고 물도 없고… 우리가 모두 씻으면 신부님들 식수와 (우기 때 탱크에 빗물을 받아두었다가 사용하시는) 생활수가 부족해지기 때문에 샤워는커녕 세수도 생략하고 양치질만 하고 자기로 했다. 부지런해서 먼저 씻었던 몇 자매들은 죄인 아닌 죄인이 되어 너무나 미안해하고.

우리가 가져온 초를 방에 켜놓고 바닷물과 땀에 전 몸을 침대에 뉘니 바스러질 듯했던 스펀지 매트리스는 완벽한 안식처였다. 어쨌든 금방 잠이 들었고 바닷바람에 추워서 자다 깨기를 반복하다가 아침이 되었다. 일찍 배를 타고 나가야 해서 커피와 딱딱한 빵 한 조각을 먹고 다시 바닷가로 나갔다. 어제 그 배를 또 타야 한다.

이 섬에 우리 신부님과 신학생을 두고 가야 된다는 생각에 자꾸 마음이 이상해져서 우리는 일부러 한 톤 높은 목소리로 시끄럽게 떠들며 섬을 떠났다.

'마당'에서 마지막 날

　쪽배를 타고 또 한 시간 반을 달려 뭍에 이르자 김지한 신부님, 장호창 신부님, 신학생이 우리를 마중 나와 있었다. 모두 거지꼴이 되어 트럭 버스를 타고 울링간(Uligan) 공소에 들러 큰 환영 행사를 받고 뜨거운 태양 아래에서 점심을 먹었다. 교우들이 정성스레 준비한 음식이었는데 나는 너무 지쳐서 먹을 수가 없었다. 혹시라도 병이 나서 민폐를 끼칠까 봐 고구마 한 개를 수박 한 조각으로 목을 축이며 겨우 먹을 수 있었다. 누가 사탕수수를 챙겨줘서 씹어 먹었더니 당분이 보충되어서인지 훨씬 기운이 나는 듯했지만 조용히 빠져나와서 트럭 구석에 아무도 안 보이도록 드러누웠다. 나름대로 티 나지 않게 몰래몰래 움직였다고 생각했는데 내가 많이 지쳐 보여서 신부님이 걱정하셨다는 얘기를 나중에 듣고야 말았다.

내일 아침 6시 30분 비행기를 타기 위해 우리 숙소를 공항에서 가까운 마당 리조트 호텔로 옮겼다. 샤워부터 하고 잠깐 쉬었더니 날아갈 듯 가벼워졌다. 거짓말처럼.

마당에서의 마지막 저녁은 주교님과 우리 신부님들 모두 지부에 모여서 만찬을 했다. 이동윤 신부님이 만든 잡채와 우리가 만든 갈비, 어렵게 구한 배추로 준비한 겉절이, 음식점에서 가져온 것까지 푸짐한 차림이었다. 우리 신부님들은 이럴 때 많이 먹어두어야 한다면서 어찌나 잘 드시는지 진짜 내가 안 먹어도 배가 불렀다. 그리고 주교님과 함께 작은 음악회가 열렸다. 모두 손을 잡고 노래를 부르고 율동도 하고, 장호창 신부님과 주교님은 기타를 연주하시고 김순겸 신부님은 고향이 그리울 때 부르신다는 '가고파'를 부르시는데,

내 고향 남쪽 바다 그 파란 물 눈에 보이네
꿈엔들 잊으리오 그 잔잔한 고향 바다

지금도 그 물새들 날으리 가고파라 가고파
어릴제 같이 놀던 그 동무들 그리워라
…
오늘은 다 무얼 하는고 보고파라 보고파

새삼 그 가사 하나하나가 이방인 신부님 마음인 것 같아서 지금도 노래 부르시던 신부님 모습이 눈에 선하다.(김순겸 신부님은 2015년 모잠비크 선교지에서 사고로 돌아가셨다.)

나영호 신부님은 하얀 수건을 들고 살풀이춤(?)을 추셨는데 상상을 넘는 창의력에 박수가 절로 나왔다. 역시~
이동윤 신부님, 박영주 신부님, 김일영 신부님, 한결같이 냉정 담백하시던 김지한 신부님까지. 아- 정말 손이 아프도록 손뼉을 치고 배가 아프도록 웃고 눈물이 나도록 재미있는 송별식이었다. 오늘 밤만 자고 나면 내일 아침 신부님들과 작별 인사를 해야 한다.

선교지에 사는 신부님들은 늘 자신이 영원한 이방인같이 느껴진다고 하신다. 선교지에서 아무리 그분들과 똑같이 오래 살더라도 어쩔 수 없는 이방인이고 한국에 휴가 나올 때면 너무나 빨리 변해버리는 고국의 모습과 적응하기 어려운 일상생활에, 태어나고 자란 고국에서까지 이방인같이 느껴질 때가 많다고 하신다. 아예 거지 취급을 당한 일화를 소개하자면, 선교지에서 휴가 나온 신부님이 옛날 생각도 나고 시원한 맥주가 그리워서 대학로에 있는 맥줏집에서 생맥주 한 잔을 주문하고 한참을 기다렸다.

그런데 종업원이 조심스럽게 천 원짜리 한 장을 주면서 나가 달라고 말하더란다. 신부님이 어이가 없어서 가만있다가 자기 몰골을 보니, 얼굴 새까맣지, 계절에 맞지 않는 낡은 패딩 점퍼에, 맨발에 슬리퍼 신고, 더운 나라에서 왔더니 초가을인데도 어찌나 추운지 신학교에서 오래 굴러다니던 패딩 점퍼를 주워 입었다고 하셨다. 그저 편한 차림으로 시원한 맥주 한 잔이 먹고 싶었을 뿐인데.

밤새도록 '꿈엔들 잊으리오. 가고파라 가고파. 보고파라 보고파.' 신부님 노래가 들린다. 새벽 5시에 일어나야 하는데 잠이 오지 않았다. 남은 옷가지와 가져왔던 용품들을 모두 내어놓고, 우리들의 빈 가방엔 파푸아뉴기니산 커피 '블루마운틴'만 가득 들었다.

행복하여라 제 화살통을 그들로 가득 채운 사람!(시편 127,5)

파푸아뉴기니에 축복을!!

　신부님들과의 일주일이 꿈같이 지나갔다. 석기시대와 21세기가 공존하는 곳. 하느님 냄새가 풀풀 나는 곳. 이곳에서 우리 신부님들은 각기 다른 예수님을 닮은 모습으로 각자의 향기로 살아가고 있었다.

　이런 신부님들을 만난 것은 천국이었다. 숙소에서 개미떼와 온갖 벌레가 기어다녀도, 도마뱀이 시도 때도 없이 나타나고 벽에 붙어있어도, 녹물로 샤워를 할 수 있었다는 것만으로도. 촛불 하나에 어둠을 달랠 수 있어도 행복할 수 있었던 것은 천국이었다. (T.V, 라디오, 컴퓨터, 핸드폰 등등) 모든 문명에서 완전히 해방되어 파푸아뉴기니에 집중할 수 있었던 것도 천국이었다.

이 새벽에 신부님들이 모두 공항에 나오셨다. 인사를 하고 비행기를 타려고 걸어가는데 옆에서는 공항 직원이 누런 갱지에 적혀 있는 우리 이름을 하나씩 연필로 동그라미를 치며 확인하고 있었다. 뒤를 돌아보면 울 것 같아서 앞만 보고 걷다가 트랩에 올라서니 두 손을 번쩍 들어 흔들어주시는 신부님들이 보였다. 모두 훌쩍거리면서 신부님들을 향해 크게 손을 흔들었다.

특히 미카엘 학사님과 글라라 형님의 이별은 더욱 애틋했지만 부럽기도 했다. 그때 떠나는 우리만 힘들었던 게 아니었다. 신부님들도 한참 후유증을 앓았다고 한다.

우리 신부님들과 Papua New Guinea에 축복을!!

마지막 에피소드,
김지한 신부님 방에 대한 고찰

　화장실에 가려고 잠깐 들린 울링간에서 김지한 신부님 방을 우연히 훔쳐보게 되었다. 사제관에 발을 들여놓으려는 순간부터 우리는 긴장이 되었다. 발바닥이 깨끗한지 다시 한번 확인하고 들어선다. 나도 모르게.

　일단 들어선 마루에는 작은 소파와 탁자뿐이다. 물론 소파 위에도 탁자 위에도 아무것도 없다. 마루 한편 구석에 있는 부엌은 작은 싱크대 두 칸이 전부인데 그 위에도 아무것도 없다. 많이 낡았지만 반짝반짝하다. 살짝 찬장 문을 열어보니 조리 기구 몇 개가 키 순서대로 나란히 누워있고 냄비와 그릇은 분명히 있을 텐데 안 보인다.

방을 들여다보니 칼각으로 단정함을 지나쳐서 섬뜩하게 정리된 침대와 작고 낡은 서랍장 하나가 다였다. 서랍장에는 티셔츠 한 장, 바지 한 장이 역시나 칼각으로 접혀있다. 진짜 딱 한 장씩. 옆의 게스트 방에도 침대, 책상, 의자가 전부다. 그 위에는 어떤 것도 놓여있지 않았다. 더 설명할 게 없다. 이게 다다. 진짜로.

너무 단정하고 살림살이가 없어서 파푸아뉴기니 공기처럼 상쾌하기는 했는데 이렇게 사는 게 가능하구나! 순간 너무 부끄러웠다. 내가 가지고 있는 게 너무 많다는 것이.

2장
파푸아뉴기니

2006.10.

파푸아뉴기니에서
다시 아침을

　이 년 전 파푸아뉴기니의 아침도 이랬다. 너무 허름하고 엉성해서 도무지 국제공항이라고 하기 어려운 소박한 풍경. 땟국물에 끈적끈적하고, 찢어지고 벗겨진 공항 의자에서 나는 냄새. 맑고 투명해 보이는 햇살에서 뿜어져 나오는 뜨거운 열기. 커다란 눈에서 반짝이는 순한 눈빛.

　파푸아뉴기니의 아침은 하나도 변하지 않고 그 모습 그대로, 그 향기 그대로 있었다. 화장실 표지가 그 어디에 없어도 찾아갈 수 있을 만큼. 검은 얼굴이 검게 보이지 않을 만큼 친근하다. 그리워했음이 틀림없다고 확신에 찬 착각을 하며 파푸아뉴기니와 재회했다.

두 시간 후면 '마당' 공항에서 우리를 반겨주실 신부님들 얼굴을 떠올리며 아주 작은 비행기 트랩에 올라선다. 우리나라 시골 주유소만 한 '마당' 공항의 모습. 변함없이 우리 짐은 달구지에 실려 왔고, 우리는 놀라지도 않고 달구지에서 짐을 내렸다. 이렇게 자연스러울 수가!

겨울을 보내고 막 여름에 들어서려는 10월의 파푸아뉴기니 태양은 보기에 맑고 투명하지만 따가웠고, 뜨겁지만 가끔 시원한 바람도 있다.

먼저 지부로 가서 신부님들과 첫 미사를 드렸다. 조그만 성당에 동그랗게 둘러앉아 환영 미사를 드리고 김현욱 회장님께 한 말씀 하시라고 하자 한참 동안 말씀을 못 하셨다. 우리는 모두 조용히 기다렸고 드디어 목이 멨던 회장님이 말씀하셨다. 아직 아무것도 안 했는데 아무것도 보지 못했는데 이미 모든 걸 보신 듯 신부님의 삶이 느껴졌다고. '마당'에 오기까지 과정에서 벌써 많은 걸 보신 듯하다. 나는 그게 뭔지 알 것 같았다.

울링간 성당에서 개미와의 동침

발전기로 잠시 들어왔던 전기는 꺼지고, 어둠이 짙어지기 전에 얼른 설거지를 마치려고 했지만, 시간은 기다려주지 않았다. 깜깜함은 정말 막막하다. 세면장 시멘트 바닥은 여기저기 깨져서 다치지 않게 조심스럽게 움직여야 한다. 온몸의 신경을 손끝에 모아서 더듬더듬 물을 끼얹고 내 자리를 찾아갔다. 군대 막사 같은 마루가 쭉 이어져 있었는데 내 자리는 맨 가장자리였다. 더듬거리며 기어가다 보니 형님 한 분은 눈만 겨우 내놓고 온몸을 타월로 감싼 채 얼굴에 부채질을 하고 있었다. 더위보다 더 무서운 것이라도 있나? 밤사이 형님의 무사를 기원하며…

밤새 비가 내리고 새가 울고 도마뱀이 울어도 나는 푹 잘 잤다. 그리고 아침에 일어나 보니 내 자리 바로 옆이 개미들의 길목이었나 보다. 새까맣게 개미 떼가 줄지어 가고 있었다. 굿모닝!!!

하느님이 지어주신 그 모습 그대로

 작은 공소에 많은 교우들이 기다리고 있었다. 울링간은 이상헌 신부님이 오랫동안 사목하시던 곳이라 10년 만에 다시 찾은 빠뗄(신부님)을 맞이하는 교우들의 모습은 진짜 아버지를 만난 듯 얼싸안고 만지고 쓰다듬고 웃음을 멈출 수가 없나 보다.

 신부님이 여기에 계실 때 교우들과 지내는 모습을 보는 듯, 시간은 어느새 거꾸로 가고 있다. 설탕같이 곱고 하얀 바닷모래가 깔린 공소에서 교우들과 함께 미사드리고 바닷가에 정성껏 준비한 점심이 가득하다. 얼마나 귀하게 준비한 건지 우리는 안다. 목이 마를 때쯤이면 야자열매를 가져오고, 식사가 끝날 때쯤이면 커피(파푸아뉴기니산 '블루마운틴'은 진짜 맛있다.)를 가져다준다. 세심함과 배려가 손님을 맞는 그분들의 마음 씀씀이인 것이다.

바닷가에 앉아서 자기 마을의 역사와 전통을 자랑스럽게 이야기해 주고 우리 이야기도 들어준다. 마을을 둘러보는데 온 동네 꼬마들이 옆에 와서 손에 깍지를 꼭꼭 끼고 놓지를 않는다. 스텔라와 빅토리아 사촌 자매들과 우리 일행이 함께 어우러져 추었던 춤은 우리 모두가 하느님 안에 한 자녀임을 다시 깨닫게 해주는 것이다.

하느님이 지어주신 그 모습 그대로 살아가고 있는 그분들의 모습이 우리들의 잣대로 함부로 판단해서는 안 되는 것임을 또 알아간다.
하느님 냄새가 더 많이 나는 사람들!!

끝까지 견디어 낸 이들은 행복하다

　김명동 신부님이 파푸아뉴기니에 처음 오셔서 막막함과 두려움, 설렘으로 보좌신부 생활을 시작했던 보기아(Bogia) 성당은 정말 아름다운 곳이다. 산호 조각들이 깔린 바닷가. 그 바닷물의 색을 어떻게 글로 표현할 수 있을까? 어디에서도 본 적 없는 표현할 방법도 없는 환상적인 파란색을.

　김명동 신부님이 서품을 받고 언어 연수도 없이 처음 파견된 곳이 파푸아뉴기니였다. 해외여행 경험도 없는 신부님이 처음 가는 외국이 파푸아뉴기니라니.
　당시 파푸아뉴기니에서 혼자 활동 중이셨던 정두영 신부님의 사촌 여동생이 공항에 마중 나와서 가는 길에 먹으라고 정성껏 준비한 김밥을 주었는데, 한국 음식이 그리울 정두영 신부님을 위해 고이고이 가져갔다고 한다.

하지만 김밥이 쉬어서 못 먹고 버렸다고 한다. 얼마나 먹고 싶은 거 참고 가져간 건데… 아직 젊었던 신부님은 김밥이 상하리라고는 전혀 생각을 못 하고 그저 신부님한테 김밥을 가져다주고 싶은 마음뿐이었다고 하셨다.

작은 건물보다 더 작은 성당. 바람에 흔들리는 나무. 풍경 하나하나를 바라보는 신부님의 눈길이 여전히 기억에 남아 있다. 어디서도 배울 수 없는 피진어는 아이들과 바닷가에서 놀면서 배우고, 바다가 지겨워지면 아이들을 데리고 산으로 어울려 다니며 말을 익혔다는 신부님의 젊은 모습이 또 스쳐 지나간다. '보기아'에서 7개월간의 보좌 생활을 마치고 주임신부로 4년간 지낸 '바나라'(banara) 성당에서도 감격은 이어졌다. '활'이라는 뜻의 바나라는 부드러운 곡선으로 바다를 감싸고 있어서 푸근한 엄마의 품처럼 아늑한 곳이었다.

신부님이 파푸아뉴기니에 오셔서 운전도, 지리도 서툴렀을 때, 한국에서 오신 손님 신부님들을 모시고 왈륨 본당을 둘러보고 오던 때였다. 정두영 신부님 일행이 탄 앞차를 열심히 따라가다가 낭떠러지가 있는 꼬불꼬불 산길에서 그만 앞차를 놓치고 말았다. 코너를 돌아간 앞차가 보이지 않자

놀란 마음에 급히 코너를 돌다가 그만 낭떠러지로 떨어지고 말았다. 신부님 옆 조수석에 앉아 있던 손님 신부님은 엄청 키도 크고 덩치도 큰 신부님이었는데, 떨어지는 순간 '예수, 마리아, 요셉'을 외치며 양쪽 주먹을 쥔 채 있는 힘껏 펼쳤고 그 큰 주먹은 신부님 얼굴을 강타했다. 신부님은 그 위급한 순간에도 '낭떠러지에서 떨어져 죽기 전에 이 주먹에 맞아 죽겠구나.'하는 생각을 하셨단다.

잠깐 기절했다가 정신을 차려보니 차는 낭떠러지 중간에 있는 나무에 걸려 있었고, 옆의 신부님과 정신을 차리고 차에서 빠져나와 죽을힘을 다해 위로 기어 올라왔다. 그때 위에서 내려다보고 있던 정두영 신부님이 '뭐해?'하시는 바람에 죽을 고비를 벗어난 그 순간에도 버럭 화가 났다고 하셨다. 나중에 물어보니 사고를 알고 돌아오는데 후배 신부를 잃을 수도 있다는 생각에 무슨 말을 했는지 그때 상황을 기억하지 못할 정도로 정두영 신부님한테도 충격적인 사고였다고 한다.

신부님은 그 이후에 온 후배 신부님들한테 길이 익숙해질 때까지는 절대로 시속 40km를 넘지 말라고 잔소리를 엄청 하셨단다.

그런데 어느 날 류종구 신부님의 차가 한쪽이 기울어진 채 삐딱하게 들어오는 모습에 놀라 뛰쳐나가자, 류종구 신부님은 차에서 내리며 얼른 소리치셨단다. '40km 이상 절대 달리지 않았어요.'

우리가 알지 못하는 선교지에서 일어나는 죽음을 넘나드는 사건·사고가 어찌 이것뿐이겠는가! 얼마나 많을 텐데. 그때마다 예수님과 성모님의 도우심으로 또 많은 교우들과 후원회원들의 기도로 견디어 내고 살아내셨을 것이다.

우리는 끝까지 견디어 낸 이들을 행복하다고 합니다.(야고 5,11)

야고보서의 말씀이 그럼에도 불구하고 행복해 보이는 우리 신부님들이신 것 같다.

바나라에서도 신부님을 알아보고 달려와 인사를 나누는 교우들과 신부님의 눈빛이 똑 닮아 있었다. 제대 위를 덮고 있는 탁자보까지도 예전 그대로라는 말씀에 여기저기 우리 신부님들의 흔적이 눈에 띄었다. 교우들이 신부님을 위해 만들어 선물했다는, 이후진 신부님 이름이 새겨진 카누와 노가 그대로 놓여있는 바닷가.(이후진 신부님은 2016년 필리핀 선교지에서 돌아가셨다.)

신부님들이 활동하셨던 사진들이 성당 벽에 젊은 시절의 모습 그대로 걸려 있었다. 사진 속에서 한국외방선교회 선교사들이 힘차게 전진하는 큰 발자국이 보였다. 그 발자국 한 걸음 한 걸음이 지금의 한국외방선교회가 되지 않았을까? 또 한 걸음 안에는 얼마나 많은 고난과 인내와 깨짐이 있었을까?

바나라에 있는 모든 것들, 작은 나뭇가지 하나까지도 우리 신부님들의 열정과 사랑을 아주 오랫동안 기억할 것이다.

파푸아뉴기니 파견 25주년 기념 미사에서

2006년 10월 27일 한낮 더위가 가라앉은 오후 4시.

마당대교구 주교좌성당에서 대주교님을 모시고 마당대교구 사제와 수도자, 평신도들이 함께 봉헌하는 장엄 미사였다. 아름다운 소년·소녀들이 전통춤을 추며 입장하고, 이어서 28명의 신부님과 대주교님이 제대를 향해 걸어가시는데, 천국의 문으로 가는 길이 이런 모습일까? 18개국의 선교사들과 함께 제대에 계신 우리 신부님들이 더 자신감 있고 아름다워 보이는 건 내 콩깍지 때문만은 아닐 것이다. 대주교님 말씀에서도 한국외방선교회가 25년간 이루어낸 선교 사업에 대한 찬사와 감사와 깊은 신뢰가 배어 있었다.

25년 전 1981년 미지의 땅 파푸아뉴기니에 선교사로 파견되었을 때, 우리 신부님들이 겪었을 문화적인 충격과 육체적인 고통, 외로움 그리고 자신과의 싸움에서 견디지 못했다면 오늘은 없었을 것이다.

최초의 선교사 예수 그리스도를 닮아가고 있는 우리 신부님들. 무언가를 주거나 가르치려고 하지 않고 그분들 안에서 그분들과 함께 살아가는 것이 선교사의 삶이라고, 다름에서 오는 문제는 해결하는 것이 아니라 끌어안고 사는 것이라고 하시는 신부님들. 자랑스럽고 존경스러웠다.

함께 이 자리에 있음에 감사드리며 우리 신부님들의 희생과 사랑이 더 큰 열매로 빛나기를 바라며 오늘도 선교지에 계신 신부님들을 기억하며 기도드린다.

파푸아뉴기니 파견 25주년 미사

3장
모잠비크

2007.05.

모잠비크의 또 다른 향기를 찾아서

　홍콩을 경유해서 남아프리카공화국 요하네스버그에 도착했다. 계절이 우리와 반대라서 쌀쌀하겠거니 예상했지만, 공항은 온통 흰 눈으로 덮여 있었다. 아프리카에서 눈을? 처음부터 아프리카에 대한 무지함과 편견으로 시작되었다.

　요하네스버그에서 교포가 운영하는 숙소에서 하루를 자고 모잠비크 수도 마푸투(Maputo)로 향했다. 마푸투에서 다시 리칭가(Lichinga)로 가는 국내선을 타야 하는데 공항에서 입국 비자를 주지 않아 아예 입국도 못 하고 우리만 공항에 덜렁 남아있다. 여러 차례 사무실에 가서 왜 안 나오는지, 무엇이 문제인지 물어봐도 이유가 없다. 돈을 요구하는 것 같았지만 끝까지 버티자, 탑승 시간이 다 되어서야 겨우겨우 비자를 내주었다.

작은 비행기에 겨우 탔는데 어찌나 흔들리던지. 그 흔들리는 중에도 여승무원들은 이쪽저쪽 짐칸을 짚어가며 승객들에게 음료와 간단한 간식을 준다. 안 먹어도 되는데… 서커스를 보는 듯 아슬아슬.

우리가 예상했던 시간보다 훨씬 빨리 비행기가 착륙을 한다. 벌써? 이상하다 했는데, 승객이 다 내렸다가 다시 타는 것이었다. 마치 완행버스가 중간에 승객을 내리고 태우고 하듯이. 새 승객을 태우고 다시 이륙했는데 얼마 안 가서 또 착륙을 한다. 우리가 비행기를 타고 가는 건지 완행버스를 타고 가는 건지 헷갈렸다. 이렇게 두 정거장(?) 이륙 착륙을 하고서야 리칭가에 도착했다.

우리를 마중 나오신 곽용호 신부님이 하신 첫마디는 '아니 어떻게 여기까지 오셨어요?' 였다.

그랬다. 네 번 비행기를 갈아타고 열두 번 이착륙하고 이틀 반나절을 왔건만, 여기서 또 차로 4시간(320km)을 가야 신부님이 계시는 마루파(Marrupa) 본당에 도착한다. 마루파로 출발하기 전에 장을 봐야 한다고 하셨다. 신부님은 생필품을 사기 위해 한 달에 한 번 4시간을 와야 한다. 우리로 말하자면 서울에서 부산까지 장 보러 가는 것이다.

공산품은 우리가 직접 보고 고르는 게 아니고 작은 창구에서 살 품목을 얘기하면 직원들이 가져다준다. 물자가 아무리 귀하고 치안이 나쁘다고 해도 상상 이상이었다.

야채와 과일을 파는 곳은 우리 재래시장과 비슷한 풍경이었지만 야채와 과일도 아주 풍성해 보이지는 않았다. 대부분 농사지어서 가져온 과일이나 야채를 앞에 펼쳐놓고 팔고 있었고 잎이 있는 채소는 귀해 보였다. 양파는 우리 통마늘보다 조금 큰 정도였고 마늘 한 쪽은 콩알보다 약간 큰, 그 정도로 작았다. 아마도 비가 귀해서인지 토양이 그런 건지. 어쨌든 나중에 그 쪼끄만 마늘 까다가 죽을 뻔(?)했다.

드디어 붉은 흙먼지를 날리며 마루파로 출발. 다행히 마루파까지 가는 길은 포장된 유일한 도로라고 한다. 아프리카 땅이라는 것만으로도 충분히 흥분한 우리 눈에 지금도 기억나는 것은 인디언 핑크색의 전체적인 분위기이다. 끝없이 펼쳐진 평원에는 우기 동안 쑥 자란, 사람보다 키가 더 큰 풀과 드문드문 보이는 나무들과 하늘에서 뚝 떨어진 듯한 커다란 바위 같은 산이 생뚱맞게 있었다. 한참을 달렸는데 바위산이 또 있다. 그렇게 바위산은 계속 우리와 함께 달렸다.

해 질 녘쯤 드디어 마루파에 도착했다. 2박 3일 만에. 마중 나오신 박광기, 권효준 신부님을 보는 순간 기쁨도 잠시, '세상에 이 젊고 이쁜 신부님들이 도대체 왜 여기까지 와서 뭐 하시는 거지?' 내가 충격적으로 받아들였던 말씀이 그 순간에 떠올랐다.

내가 너희에게 말한다. 이들이 잠자코 있으면 돌들이 소리 지를 것이다.(루카 19,40)

예수님이 예루살렘에 입성하실 때 환호하는 이들을 지적하는 율법 학자들에게 하신 말씀인데, 우리가 증언하지 않으면 돌들이 나서서 소리 지를 것이라니! 우리 신부님들이 이 오지에서 살아가는 까닭이겠지 하면서도 극히 개인적이고 인간적인 생각에 눈물이 핑- 돈다. 15년이 지난 지금도 그때 아픈 것 같기도 하고 슬픈 것 같기도 했던 찡-한 감격은 생생하다.

준비해 주신 저녁을 먹는데 '코끼리 고기'라고 내놓으셨다. 신자들이 신부님 드시라고 가져온 것이다. 우리 오면 주려고 아꼈다가 주신 건데 냉장고가 없으니(전기가 안 들어오는 곳이다.) 그만 상하고 말았다. 코끼리 고기 먹을 기회를 놓치다니 아쉽기도 하고 다행스럽기도 하고.

희망이 없어도 희망하며

　신부님 사제관은 아주 낡은 작은 집이다. 물론 전기도 없고 마당에는 수도 대신 펌프가 있었다. 부엌에 가스레인지가 있기는 한데 가스를 사려면 (오롯이 왕복 8시간이 걸리는) 320km를 가야 하므로, 아끼느라 못 쓰시고 대신 마당 한구석에 늘 숯불이 꺼지지 않는 화덕이 있다. 신부님들도 거의 숯불을 사용하셨고 여기 모든 주민도 숯을 쓰고 있어서 (지탱할 수 있으려나 할 정도의) 큰 숯자루를 싣고 가는 자전거를 쉽게 볼 수 있다.

　우리가 오기 바로 전에는 메조소프라노 김청자 교수가 일주일 동안 머무르면서 이 화덕에서 신부님들 밥을 해주셨단다. 공항에 마중 나갔을 때 공연 드레스 가방인 줄 알았던 커다란 여행 가방들 속에는 신부님께 해드릴 한국 식재료와 살림살이가 가득 들어있었다고 한다. 훗날 신부님들과의 일주일을 이렇게 회고하셨다.

'전기가 없어 냉장고가 없었고 어둠 속에서 요리해야 했지만 개의치 않았다. 끊임없이 파리 떼가 날아드는 비위생적인 환경도 거슬리지 않았다. 오직 기쁨으로 일했다. 하느님의 사랑을 통해서 우리가 나눈 사랑의 힘으로 그 모든 것이 가능했다.'

– 김청자 지음, 김청자의 아프리카 사랑, 바오로딸, 2014 –

우리도 이 부엌에서 최선을 다했다. 뭐 드시고 싶으냐는 물음에 젊은 신부님들은 떡볶이가 먹고 싶다고 하시는데 재료가 없다. 하지만 우리가 누군가. 주부 경력 20년 넘은 한국 엄마들이다. 밀가루는 충분하니까, 수제비를 떠서 익힌 수제비를 건져서 떡볶이 양념으로 맛을 냈더니 신부님들은 수제비 떡볶이도 너무 맛있게 드셨다.

김치를 가져오고 싶었지만 이동 시간도 너무 오래 걸리고 더운 곳에 계속 노출돼야 해서 익은 김치를 볶아서 가져왔다. 볶은 김치로 김치찌개를 해드리려고 참치를 넣고 빈 참치캔을 버리는 순간, 우연히 현장을 목격한 신부님이 화들짝 놀라며 빈 참치캔에 남아있는 국물을 물에 헹구어 냄비에 넣었다.

김밥 재료를 가져왔지만 미처 생각하지 못한 문제가 생겼다. 쌀이 밥을 해도 찰기가 없어서 날아다닌다. 말아 놓으면 풀어지고 겨우 붙여서 썰어 놓으면 다 풀어져서 결국은 통째로 손에 쥐고 먹었다. 김밥이 풀어지는 것은 파푸아뉴기니에서도 그랬다. 다음에는 꼭 찹쌀을 가져오리라!

며칠 지내다 보니 마루파에서는 물자가 어찌나 귀한지 돈이 있다고 살 수 있는 게 아니었다. 콩알만 한 마늘과 조금 더 큰 양파와 외국에서 들여온 헌 신발만 눈에 띄었다. 아무것도 없는 것 같았다.

희망이 없어도 희망하며 (로마 4,18)

시마와 건포도

　마루파는 해발 700m에 자리 잡고 있어서 리칭가보다 덜 더웠다. 사제관에서 그리 멀지 않은 곳에 우리 신부님들이 사목하시는 마루파 성당이 있다. 신자가 8,000명이나 되는 제법 큰 성당이었고 경상남북도만 한 지역의 공소 39곳을 관리하고 계셨다. 성당 문을 열고 들어가면 양쪽으로 등받이가 없는 기다란 나무 의자가 있고 약간 높게 제대만 있을 뿐이지만 참 이쁜 성당이었다. 특히 제대 뒤 십자고상과 그 주위의 그림이 너무 이뻤다.

　신자들도 어찌나 예의 바른지 특히 어린아이들이 미사 중에 떠들거나 장난치는 모습을 볼 수 없고 미사드리러 온 강아지들도 절대 떠들지(?) 않는다. 주일 봉헌금 대신 바나나 한 송이와 과일 몇 알을 가져오기도 한다.

신부님들은 포르투갈어로 미사를 드리지만, 신자들과 얘기할 때는 각각의 부족 언어를 사용하기도 한다. 모잠비크에 파견되어 교구청에 계시다가 마루파에 오신 게 불과 몇 개월 전이어서 부족 언어를 하시는 게 아직은 많이 서툴다고 하셨다. 신부님들도 아직 적응하지 못한 상태에서 우리가 쳐들어간 것이다. 지금 생각해도 죄송한 마음이 크다.

우리가 공식적으로 방문한 것이 아니어서 새로운 일정 없이 신부님이 공소 방문하실 때나 일하실 때 그냥 따라다녔다. 이제 막 건기가 시작되면서 푸석해진 잡초가 끝없이 펼쳐진 곳에, 차 한 대 겨우 지나갈 수 있는 빨간 비포장도로를 가다 보면 어쩌다 마주 오던 자전거는 그냥 풀숲으로 고꾸라지듯 사라진다. 피할 수 있는 공간이 없기에. 처음 그 모습을 봤을 때는 사고가 난 줄 알고 너무 놀랐는데, 신부님은 원래 그렇게 피해서 간다고 말씀하신다. 그다음부터는 그 모습이 슬랩스틱 코미디 같아서 깔깔거리며 웃게 되었다.

초막으로 엮은 지붕이 있는 공소에 도착하면 신자들이 신부님을 마중 나와 있다. 동그란 초가지붕 위에 작고 낮은 십자가가 꾹 꽂혀 있고 흙바닥에 기다란 나무 의자가 몇 개 있는 아주 작은 공소지만, 아무것도 없는 붉은 벽에 옆으로 엉덩이가 반쯤 드러난 예수님이 벌서듯이 두 팔을 높게 들고 있는 십자고상이 내 마음에 들었다.

신자들이 정성스레 준비해 준 음식은 주식으로 먹는 시마(Nsima: 옥수수가루를 물과 함께 끓여서 떡같이 만든 음식)와 닭고기 조림뿐이었지만 닭요리는 우리나라 간장 찜 같아서 맛이 제법 괜찮았다. 적은 양에도 신부님은 조금만 드시고 음식을 거의 다 남기셨다. 남은 음식은 아이들 몫이기 때문에 못 드시고, 또 얼마나 귀한 걸 준비하는지 알기 때문에 못 드신다. 옛날 우리 할머니들이 들려주시던 말씀 중에 외국인 신부님이 집에 방문하신 후에 신부님이 드시던 남은 음식을 성스럽다고 서로 먹으려고 했다는 말씀이 생각났다. 그때 그 외국인 신부님들과 지금 우리 신부님들은 같은 마음이었을 거다.

때로는 교우들의 친절이 지나쳐서, '시마'가 너무 뜨거워서 신부님이 망설이고 있으면 냉큼 손으로 집어서 신부님 접시에 놔주는데, 새까만 손톱자국 다섯 개가 하얀 시마 위에 콕 찍혀 버리고, 신부님은 건포도(?) 다섯 개까지 맛있게 드셨다고 한다.

마루파 눈고 공소 십자가

모잠비크의 슈퍼맨 신부님

　권효준 신부님 방에는 우리나라 중학교 수학 문제집이 있다. 학생들에게 수학을 가르치려고. 그런데 신부님은 곧 알아버리셨단다. 욕심이라는 것을. 결국 더하기 빼기부터 가르치고, 구구단을 외우게 한 후 곱하기 나누기를 가르치셨다는…

　아프리카 그 뜨거운 태양 아래에서도 타지 않는 하얀 신부님 얼굴에 뽀얀 미소가 있다. 먼 마을에서 펌프가 고장 나서 주민들이 물을 못 쓰고 있을 때면 언제든 달려가서 펌프에서 물이 나오도록 고쳐주시는 신부님 안에 맥가이버가 있다. 신자들한테 언제 어디서 무슨 일이 일어나면 해결해 주시는 신부님 안에 슈퍼맨도 있다. 이런 슈퍼맨 신부님도 지칠 때가 있다고 하셨는데…

15년 넘게 기숙사를 운영하면서, 너무 어린 학생들이 미혼모가 되는 현실과 임신으로 인해 집으로 돌려보내야 하는 학생이 적지 않았기에, 자신도 모르게 지치고 다잡기 힘들었던 마음은 늘 밑 빠진 독에 물 붓는 심정이었다고 한다. 그러다 보니 성당 학생들이 무사히 학교를 마치고 졸업하는 것만으로도 그저 감사했다고 한다.

모잠비크에서 처음 맡았던 마루파 본당에 계실 때 신학교에 보냈던 학생이 드디어 서품받던 날, 수녀님 한 분이 신부님께 반갑게 인사를 하는데, 알고 보니 기숙사에 데리고 있던 여학생이었다. 그뿐만 아니라 교리교사였던 학생은 변호사가 되어 있었고 어떤 학생은 요리사, 또 선생님이 된 학생도 있었다. 세상에!!!

모두 성당에서 청년회 활동도 하고 기숙사에 데리고 있던 학생들이었다. 신부님, 수녀님, 변호사, 요리사, 선생님 등이 사회에 도움이 될 수 있는 어른이 되어 있다니!!! 우리가 모르는 시간 안에서 기다려 주시고 이루어 주시는 주님께 감사기도가 저절로 나왔다고 하셨다.

하느님 앞에서는 어떠한 피조물도 감추어져 있을 수 없습니다.
(히브 4,13)

지흰이와 함께 1,
미안해 지흰아

　첫 모잠비크 얘기에서 지흰이(가명)가 빠질 수 없다. 지흰이와의 에피소드는 출발 비행기에서부터 시작한다. 공항에서 처음 만난 여학생은 키가 크고 매우 마르고 얼굴이 하얀 이쁜 아이였다. 대학생인데 아프리카 경험을 하고 오라고 엄마가 김순겸 신부님께 딸려 보낸 것이다. 장거리 비행에 스키니 바지를 입고 있어서 살짝 걱정되었지만, 젊은이니까 하고 접어 두었다. 비행기 통로를 사이에 두고 지흰이와 내가 앉았다. 서로 초면인지라 편하게 얘기를 하지는 않았지만, 우리 아들하고 비슷한 나이니까 딸 같은 생각에 자꾸 챙기게 되는데, 그것도 늙은이 폐가 될까 조심스러웠다. 여기서까지 엄마가 있으면 별로니까. 그래도 꽉 끼는 바지는 자꾸 신경이 쓰였다. 괜찮을까?

여느 때와 같이 비행기에서도 잘 자는 내가 잠이 들었나 보다. 깨어보니 지휜이가 통 넓은 바지를 입고 왔다 갔다 하길래 참 잘했다 안심하고 있는데 통로 건너 일행이 기가 막힌 듯이 웃었다. '옆에서 그 난리통을 치는데 어떻게 그리 잘 자느냐.'고. 아구야~

내가 자는 사이, 지휜이가 얼굴이 창백하고 기내용 담요를 바지춤에 두르고 있어서 이상하길래 물어보니, 너무 꽉 낀 바지를 입고 장시간 앉아 있다 보니 소화도 안 되고 어지러워서 토했다고 한다. 그래서 혼자 화장실에서 바지를 벗어버리고 담요를 두르고 있던 것이었다. 마침, 일행이 비상용으로 가지고 있던 사혈침으로 열 손가락과 발가락을 다 따주고 기내용 짐에 있던 바지를 꺼내서 입히자 그제서야 혈색도 돌아오고 안정이 되었다고 한다. 그런데 그 바로 옆에서 나는 쿨쿨 자고 있었으니. 이 무딤을 어찌하나! 미안해 지휜아!

지금부터 지휜이와의 여정은 매일매일이 새로운 사건·사고(?)의 연속이었다.

지흰이와 함께 2

　우리 일행 숙소는 성당과 사제관 사이에 위치한 수녀님들 거처였다. 작은 흙 마당에 얇은 합판으로 만든 문을 잡아당기면 바로 침대 두 개가 있고, 작은 탁자 하나에 안쪽에 화장실이 있다. 화장실에 변기도 있고 세면대도 있는데, 커다란 플라스틱 통에 물이 가득 담겨 있다. 그 물통에서 물을 떠서 세수도 하고 뚜껑 없는 변기 위 물통에 물을 가득 부어서 내려쓰는 것이다. 플라스틱 통의 물을 다 쓰면 마당에서 펌프질을 해서 물을 가져와 채워 써야 한다. 침대는 나무판자 위에 스펀지를 두 겹 얹은 낡은 것에 이불은 색색으로 뜨개질한 것 아래에 면을 덧대어 이은 것이다. 이런 방이 몇 개 나란히 있었다.

마루파가 해발 700m 고지대여서 생각보다 쌀쌀했지만 (우리가 방문했을 때 거기는 겨울이었다.) 얇은 패딩 점퍼를 입고 자면 꽤나 편안하고 포근했다. 그렇게 포근히 잘 자고 일어났는데, 지훤이가 영 핼쑥해 보인다. 아프냐고 물어보니 밤새 설사를 해서 화장실을 들락거리느라 잠을 못 잤단다. 처음에는 내가 깰까 봐 조심조심 화장실을 다녔는데, 또 받아놓은 물이 다 떨어져서 마당에서 펌프질해서 물을 나르고 또 물이 떨어지면 펌프질해서 밤새 물을 날랐다는데, 나는 끝까지 미동도 없이 시체처럼 잘 자고 있었단다. 참고로 내 침대는 바로 문 앞에 있었다.

미안해 지훤아! 다음에는 무슨 일 있으면 꼭 깨워 줘!

지훤이와 함께 3, 지훤이 실종 사건

　바쁘게 저녁을 준비하다 보니 문득 지훤이가 아까부터 안 보였던 것 같다. 모두 지훤이를 마지막으로 본 것을 기억해 내지 못하고, 바빴던 신부님들도 한 분씩 들어오시는데 지훤이만 없다. 여기는 전기가 없는 곳이어서 해 질 녘만 돼도 금방 어두워지는데 어둑해진 지금까지 지훤이가 안 보인다. 숙소, 사제관, 성당, 동네 어디에서도 안 보이다 보니 별별 생각이 들면서 걱정이 되었는데 연락해 볼 방법도 없고 그저 발만 동동 구르고, 신부님들은 각자 차를 몰고 각 방향으로 흩어져서 찾아 나섰다. 걱정은 상상을 더해서 더 큰 걱정이 되었고 우리는 밥하던 손길을 멈추고 사제관 입구만 쳐다보고 안달을 했다. 완전 깜깜해졌는데 어쩌지.

한참 만에 신부님들도 모두 허탕 치고 오셨는데 지훤이는 오지 않았다. 걱정이 최고치에 이르렀을 때, 약간 긴장된 얼굴에 볼이 빨간 채 지훤이가 들어선다. 우리는 냅다 달려가서 지훤이를 붙잡고 울었다. 대성통곡. 무사히 돌아와서 고맙고 다행이고 안심도 되고 반갑고 화도 나고.

조용히 혼자 시간을 갖고 싶어서 책 한 권을 들고 한참을 가서 책을 읽다 보니 날이 어두워지고, 생각보다 너무 멀리 떨어진 곳이어서 돌아오는데 시간이 많이 걸렸다고 한다. 지훤이도 좀 놀랐던 것 같다. 우리는 또 지훤이를 붙잡고 울었다.

이 모든 상황을 신부님들은 걱정을 내려놓고 웃으며 지켜보고 있었다.

지훤이와 함께 4

　바쁘신 신부님 따라다니다가 일찍 잠이 들었나 보다. 지훤이가 깨서 일어나보니 지훤이 얼굴이 이상하다. 입술 아래에서부터 턱 바로 아래까지 빨갛다. 데였단다. 전기가 안 들어오는 곳이니 촛불을 켜고 책을 읽다가 깜빡 잠이 들었는데, 초가 다 타고 나무 촛대에 불이 옮겨붙으면서 불꽃이 크게 일었다. 본능적으로 잠에서 깬 지훤이가 누운 상태에서 촛대를 가져다가 훅 불어서 끄려다가 촛농이 얼굴에 쏟아진 것이다. 열을 식히려고 감자팩을 붙여 보았지만 아무래도 안 되었다. 신부님한테 가면 비상약이 있을 텐데. 시간이 자정이 넘었다. 지훤이는 신부님 깨우는 게 미안해서 망설였지만 그게 문제가 아니었다.
　밤길을 둘이서 나섰다. 아무 기척도 빛도 없는 깜깜한 거리는 좀 무서웠다.

출입문을 두드리면 다 깨실까 봐 창문을 살살 두드렸으나 그 조심스러운 마음이 소용없게 신부님 세 분이 모두 뛰쳐나오셨다. 지훤이의 모습에 금방 상황이 파악되었고, 먼저 찬물 바가지를 들고 턱을 물에 담갔다. 그 모습이 어찌나 웃기던지 웃으면 안 되는데 웃음이 나왔다. 신부님들도 사제관에 도둑이 들어서 한바탕 소동 후에 지금 막 자려던 참이었다고 한다. 화상 약은 없었지만, 다행히 바셀린을 바르고 화끈거림을 가라앉히고서야 잘 수 있었다.

그 후 짙어지는 상처 자국에 걱정도 점점 커져 갔다. 피부가 하얘서 이름도 지훤이라고 지었다는데, 저 이쁘고 하얀 아가씨 얼굴에 흉터가 생기면 어쩌나, 어른들의 보살핌이 부족해서 생긴 사고 같아서 지훤이 부모님을 볼 면목이 없을 것 같았다. 지훤아 그날 밤 깨워줘서 고마운데, 또 미안해!

집에 돌아오는 길, 지훤이의 화상 자국을 본 교우분이 화상 부위에 마르지 않도록 계속 바르라고 커다란 알로에 젤을 주셨다. 집에 올 때까지 열심히 발랐더니 공항에 마중 나온 지훤이 부모님이 모를 정도로 많이 회복되었다. 여러모로 그저 감사했다.

여기서 어떻게 살아요?

짧은 여정을 마치고 마루파를 떠나는 날.

리칭가까지 4시간을 가야 해서 일찍 출발했다. 신부님 세 분이 모두 공항까지 따라오시고, 모잠비크에서 제일 맛있는 과자라며 비스킷을 사주셨는데 진짜 맛있었다. 아쉽게도 과자 이름을 기억하지는 못한다.

탑승하러 가는 우리 뒷모습을 보고 있는 신부님 모습에 그만 눈물이 터져 버렸다. 나와 제노비아 형님은 펑펑 우는데 노엘라 형님은 멀뚱멀뚱 울지 않았다. 비행기에 타고 나서야 겨우겨우 진정하고 있는데 갑자기 옆에서 훌쩍거리는 소리가 들렸다. 노엘라 형님이 울고 있었다. 그래서 또 같이 울었다.

김명동 총장 신부님이 모잠비크에 곽용호 신부님, 박광기 신부님, 권효준 신부님 첫 파견에 함께 가셨다가 돌아오셔서 해주셨던 강론이 생각난다. 모잠비크에 파견된 세 신부님과 함께 리칭가에 도착해서 교구청에 머물 때, 뚜껑 없는 변기 물통에 늘 그렇듯 까맣게 때 낀 세면대, 거미줄에 각종 벌레 등 그리고 성한 거 하나 없는 너무나 열악한 환경에 신부님들은 넋이 나갔다. '여기서 사는 건가요?' '여기서 어떻게 살아요?' 크게 낙담하시더니 신부님들이 실제로 사목하게 될 본당 몇 군데를 둘러보고 나서는 '와- 여기가 천국이었구나.' 하며 반성(?)하셨다고 한다.

유능하고 젊고 이쁜 후배 신부님들을 모잠비크에 두고 떠나오는데, 내가 지금 잘하고 있는 건지 복잡한 마음이었다고, 덤덤한 말투로 먹먹한 목소리로 천천히 말씀하셨다. 그때 고스란히 느껴졌던 총장 신부님 마음이 이 마음이었을까?

4장
모잠비크

2010.03.

다시 또 모잠비크로!

공항에서 게이트로 걸어가는데 자꾸 뒤로 자빠지려고 한다. 배낭이 너무 무거워서 걸어가기가 힘이 들어 어깨를 앞으로 구부려 보았지만 발만 꼬인다. 등에 전기가 흐르듯 뭔가 잘못된 느낌이 들었다. 뒤에서 보기에도 위태로워 보였는지 모데스다 형님이 말했다. '오틸리아, 가방을 앞으로 들고 가 봐.' 배낭을 앞으로 해서 들고 가니 훨씬 나은 것 같기도 하고 그대로인 것 같기도 했다.

조금 전 수하물 추가 요금이 너무 많이 나와서 조금이라도 줄여보려고 각자 무게가 있는 물건을 최대한 기내용 가방에 넣었기 때문에 누구도 도와줄 수 없는 상황이었다. 신부님들이 부탁하신 책과 노트북, 손 큰 세실리아 회장님의 식재료가 산더미 같았다. 노트북은 학생들에게 컴퓨터를 가르치려고 부탁하셨는데, 그때는 노트북이 지금처럼 가볍지 않았고, 그 당시에도 구모델이었기에 크고 더 무거웠다.

홍콩을 경유해서 남아프리카공화국 요하네스버그에서 모잠비크 수도 마푸투로, 거기서 국내선을 타고 리칭가를 가는데 3년 전에는 두 정거장(?)을 내렸다가 탔는데 이번에는 한 정거장(?)에서만 내렸다가 다시 탔다. 여전히 흔들리는 비행기와 더 흔들리는 승무원들.

이번에는 리칭가 교구청에서 하룻밤을 잤다. 모잠비크로 파견되어 아직 교구청에 계시던 천영수 신부님이 닭고기 스테이크와 감자수프를 준비해 주셔서 맛있는 저녁을 먹었다. 내일 신부님들 계시는 마루파로 떠나야 한다.

하루 반나절을 꼬박 달려온 일정이라 고단해서 일찍 잠들련만 너무 더워서 잠을 잘 수가 없었다. 문을 열면 복도여서 열 수도 없고 밤새 뒤척이다가 새벽에 이불 겉자락을 분리하여 시멘트 바닥에 깔고 누우니 바닥에서 올라오는 냉기에 겨우 잠깐 잠을 잘 수 있었다.

보이지 않는 길

리칭가에 마중 나오신 곽용호 신부님 인사는 3년 전과 같았다. '어떻게 여길 또 오셨어요?'

픽업트럭을 타고 마루파로 향했다. 3년 전 그때 그 모습 그대로 모든 것이 여전히 그 자리에 있었다. 아직도 포장된 유일한 길이었고 무엇보다 인디언 핑크색 공기가 그대로다. 4시간을 달려서 신부님 계시는 마을로 들어서는데 보이지 않는 길 끝까지 눈에 다 보인다.

예전의 오두막 사제관을 지나 성당 가까이에 건물이 들어서 있다. 마당을 가운데 두고 빙 둘러서 방들과 부엌, 식당이 있는 신축 건물이었다. 화장실 수도꼭지에서 물이 나오고 변기통에 물을 퍼붓지 않고 내릴 수 있다니! 제한적이지만 전기도 들어온다! 완전 최신식 아닌가요?

짐을 풀고 있는데 선교지 실습 나와 있던 신학생이 놀란 토끼 눈으로 오더니 어묵이 아무리 찾아도 안 보인다고 한다. '그럴 리가요.' 하면서도 '혹시 빠뜨렸나?' 하는 생각에 나도 당황해서 우리가 가져온 쌓여있는 식재료를 뒤지기 시작했다. 내 짐은 잘 찾을 수 있으니까, 구석에서 어묵 덩어리를 찾았다. 상하지 않고 여기까지 잘 도착한 것 같다. 리칭가에서 마루파로 오는 차 안에서 김명동 총장 신부님이 '떡볶이 해주려고 어묵도 가져오셨대.' 하신 것이다. 지난번에 모잠비크 왔을 때 준비를 못 해서 수제비 떡볶이 해드렸다는 얘기를 하면서 이번에는 떡과 어묵을 준비해 왔다고 신부님께 말씀드렸더니 엄청 기쁜 소식인 것처럼 설레는 말투로 얘기하셨다.

준비하면서 떡 가져오는 것은 괜찮은데 어묵 가져오는 것이 걱정이었다. 워낙 더운 지방을 이틀 반나절을 가야 하니까 상할까 봐 망설였지만, 어묵 없는 떡볶이는 상상도 하기 싫었다. 결국 진공 포장을 해서 며칠 꽁꽁 얼렸는데 녹기는 했지만 상하지는 않았다. '혹시라도 상하면 할 수 없지.' 하는 마음으로 가져왔는데… 그 많고 많은 맛있는 식재료 중에서 어묵이 이런 대접을 받을 줄은 나도 예상하지 못했다.
아무튼 이번에는 제대로 된 떡볶이를 해드릴 수 있었다.

무엇보다도 뒷마당 구석에 열무가 자라고 있었고, 아직 호박은 안 열렸지만 호박잎이 있었다. 워낙 뜨거운 햇빛인데 신부님들의 정성으로 제법 열무가 자랐다. 한국에서처럼 실하지는 않아도 이 정도면 감지덕지다.

　세실리아 회장님, 제일 먼저 열무김치를 담갔다. 그 쬐끄만 양파도 듬뿍 넣어서. 푹 익은 열무김치를 다 먹으면 남은 김치 국물에 김치전을 해드릴 큰 꿈을 꾸었지만 이루지는 못했다. 부지런한 세실리아 회장님이 어느새 김치통을 비우고 깨끗이 설거지를 하신 것이다.

마주네 성당,
반짝반짝 빛나는

　사제관 축복식도 있었지만, 총장 신부님 사목 방문 일정도 있으시기에 공소도 따라가고, 우리 신부님들이 파견될 예정인 마주네(Majune) 성당도 갔다.

　신부님과 우리 일행을 반갑게 맞아주시는 공소 교우들도, (너무 오래되어 낡고 낡은 양복이었지만) 말쑥한 양복에 넥타이 차림으로 예의를 최대한 갖추신 공소 회장님도, 반짝반짝 빛나는 눈을 가진 아이들도 여전히 그대로였다. 아이들과 눈도 마주치고 손바닥도 서로 마주치고 손을 잡기도 하면서 보낸 짧은 시간이었지만 여운은 길게 남아있었다.

우리 신부님들이 사목할 예정인 마주네는 학교와 기숙사를 함께 운영하는 규모가 꽤 커 보이는 성당이었다. 한 바퀴 빙 둘러보시는 신부님의 얼굴에 두려움보다는 설렘이 더 커 보였다. 우리 신부님들의 젊음과 성실함과 열정이 새로운 이곳에서 또 빛이 나기를 기도했다.

그리고 세실리아 회장님은 다니시는 내내 잡초만 무성한 허허벌판을 보며 매우 아까워하셨다. 먹을 거라도 넉넉했으면 하는 바람에, 기후와 토양 등 다양한 문제로 농사짓는 게 쉬운 일이 아니란 걸 알면서도 그 넓은 땅이 왠지 아까워 보이는 건 사실이었다.

슬기의 불빛을 향하여 나아가라. (바룩 4,2)

마주네 성당 아이들

숨 쉬는 것 모두 주님을 찬양하여라

　사제관으로 돌아가는 길에 어떤 사람이 길 한가운데를 막고 서 있었다. 잡은 멧돼지를 팔려는 것이다. 냉장고가 없는 곳에서 잡은 지 얼마나 되었는지 모르겠지만 상한 것 같지 않아서 내일 사제관 축복식에 쓰려고 사기로 하였다. 멧돼지를 차에 싣고 우리는 신나서 사제관으로 돌아왔다.

　세실리아 회장님 지휘 아래, 음식 준비에 들어갔다. 먼저 주민들이 손질해 준 멧돼지 고기를 불고기 양념하려는데 어디서 날아왔는지 새까맣고 아주 큰 파리 떼가 순식간에 부엌을 점령했다. 이렇게 새까맣고, 이렇게 많은 파리가 있다니! 멧돼지 피 냄새를 맡고 몰려온 것 같은데 얼마나 끔찍한지 부엌문을 얼른 닫고 파리떼를 없애는 데 한참이 걸렸다.

한국에서 가져온 도토리 가루로 묵을 만들고, 닭고기냉채를 만들려고 하는데, 닭에서 살코기 찾기가 쉽지 않았다. 어찌나 말랐는지 몇 마리를 잡았는데도 겨우 한 접시 정도의 양뿐이었다. 하기야 사람들 먹을 것도 없는데 닭들이 살이 있을 리가 없다. 어렵게 구한 이름 모를 야채를 넣고 나무에 올라가서 따온 라임을 손이 부르트도록 짜서 식초 대용으로 썼다. 신부님들은 파스타를 만들고, 방앗간 하는 자매님이 옥수숫가루로 만든 과자를 큰 바구니에 한가득 만들어 왔다. 이렇게 모든 것이 귀한 가운데 어렵게 음식을 준비하고 축복식은 시작되었다.

자재도 풍부하고 인력도 훌륭한 우리나라에서 자금의 여유가 있어도 집 하나 짓고 나면 십 년이 늙는다는데, 신부님은 부족한 자금을 아끼려고 직접 몇백 킬로를 가서 자재를 사 오셨다고 한다. 일하는 것에 익숙하지 않고, 몇 날이고 미루는 게 당연한 현지인들을 데리고 일을 한다는 건 상상 이상으로 힘드셨을 것이다.

할아버지 신부님뿐인 이 오지에서 성실히 열심히 사는 우리 젊은 신부님들이 얼마나 이쁘실까! 사랑이 뚝뚝 떨어질 듯 대견한 마음으로 바라보시던 주교님은 너무 행복해하시며 진심으로 축복해 주셨다.

드디어 마을 잔치가 시작되었다. 그런데 제일 중요한 메뉴인 멧돼지 고기가 이상했다. 멧돼지 특유의 냄새를 없애려고 갖은양념과 비법으로 무진 애를 썼지만, 역부족이었고 아무래도 고기가 약간 상한 것 같았다. 막 걱정을 하고 있는데 우리 신부님들과 마을 사람들은 벌써 너무 맛있게 멧돼지 고기를 먹고 있었다. 그리고 우리는 아까부터 먹고 싶었던 (방앗간 자매님이 만들어 오신) 노란 옥수수 과자를 한껏 기대하고 깨물었는데, 아쿠야- 입안 가득 모래가 씹힌다. 기대했던 만큼 슬픈 마음으로 슬그머니 옆으로 밀어 놓았다. 그때는 이 과자가 얼마나 귀한 식량이 될지 상상도 못 했었지만.

오늘이 마루파에서 마지막 밤이다. 잔치를 끝내고 마당에서 하늘을 바라보는데 세상에나- 커다란 별들이 바로 내 머리 위에 있다. 손만 뻗으면 닿을 듯한 거리에. 이렇게 커다란 별이 이렇게 많이 이렇게 가까이. 별이 쏟아진다는 말을 실감하는 순간에도 별똥별은 수시로 선을 그리며 떨어진다.

숨 쉬는 것 모두 주님을 찬양하여라. (시편 150,6)

마루파 떠나는 날,
26시간의 대장정

　새벽에 비 오는 소리가 꽤나 요란하더니 다행히 맑은 아침이다. 리칭가에서 주교님과 점심 약속이 되어 있어서 서둘러 출발했다. 오늘 우리의 교통수단은 운전석과 조수석, 세 명이 겨우 탈 수 있는 뒷좌석 그리고 작은 화물칸이 있는 픽업트럭 두 대였다. 화물칸에는 우리 짐과 신부님들이 한 달에 한 번씩 구입하는 물건을 담을 용품들과 빈 가스통 등등을 싣고 출발한 것이다. 출발하는 차 안에 박광기 신부님이 예물로 받았던 바나나 한송이와 우리가 어제 옆으로 밀어두었던 모래 씹히는 옥수수 과자를 넣어 주신다. 파푸아뉴기니에서도 신부님들이 어디를 가든지 꼭 차에 간단한 먹을거리를 실어 주셨는데 아마도 항상 일어날지 모르는 상황에 대비해서 습관처럼 준비하시는 것 같았다.

새벽에 내린 비로 도로는 먼지 없이 차분해져 있었고 모든 것이 순조로워 보였다. 네 시간만 가면 교구청에 도착해서 주교님과 식사하고 하룻밤을 보낸 뒤 여유롭게 내일 비행기를 타면 되는 것이다. 두 시간쯤 지났을까? 자동차 한 대 보닛에서 연기가 풀풀 올라오는 것이었다. 옛날 서부 영화에서처럼, 황야에서 갑자기 차에서 연기가 나면서 멈추어 서는 장면 같은.

신부님은 보닛을 열어 살펴보시더니 마침 가까이에 있는 냇가에서 물을 가져와 열을 식히고 다시 출발했지만 얼마 못 가서 또 연기가 올라왔다. 몇 번을 반복하다가 차 한 대를 포기해야 할 상황이 되어서 제일 가까운 마주네 성당에 겨우겨우 도착했다.

마주네 성당은 며칠 전에 방문했던 곳이었는데 다행히 공항에서 멀지 않은 거리에 있었다. 우리가 성당에 들어서는 것을 보고 외국인 할아버지 신부님이 뛰어나오시는데… 공항으로 가는 유일한 도로에 있는 하천 다리가 어젯밤 비로 유실되었다는 소식을 걱정스럽게 전하신다. 신부님들을 제외한 우리 일행은 다리가 끊겼다는 게 얼마나 심각한 일인지 인지하지 못했고 아주 긍정적이고 그저 해맑았다. '다른 길로 가면 되지.' '시간이 좀 더 걸리겠구나!' '비포장도로? 그 정도는 뭐.' '여기는 아프리카인데.'

차 한 대는 포기하고 신부님 한 분도 마주네에 남아야 했다. 짐은 한 차에 모으고 앞좌석에 운전자를 포함해서 세 사람이 타고 뒷좌석에 네 사람, 신부님 두 분은 짐칸에 타기로 했는데 두 차의 짐을 합쳐놓은 짐칸은 사람이 탈 공간이 전혀 없었다. 할 수 없이, 짐을 싣고 맨 마지막에 올려서 잠그는 그 문을 내리고 뒤를 보고 다리가 덜렁거리게 앉은 상태에서 떨어지지 않게 밧줄로 양쪽에서 몸을 고정시키고 출발했다. 상상이 되시나요? 그 작은 차에 성인 아홉 명에 짐까지 다 싣다니!

그 사이 할아버지 신부님은 당신 차에 있던 기름을 우리 차에 넣어 주시고 먹을 게 없어 미안해하시며 신부님 비상식량인 듯한 비스킷 몇 개를 챙겨 주신다. 우리가 출발하는 것을 보고 할아버지 신부님은 무전기를 들고 주파수가 잡히는 곳을 찾아 산으로 향하셨다. 주교님과 점심 약속을 지킬 수 없는 우리 사정을 교구청에 알려 드리려고.

오던 길을 되돌아가다가 비포장도로로 800km를 돌아가야 한다고 한다. 서울에서 부산을 왕복해야 하는 거리다. 비포장도로는 두렵지 않았다. 모잠비크, 파푸아뉴기니, 캄보디아 등등 선교지에서는 일상적인 일이었으니까.

포장도로를 벗어나 비포장도로를 들어설 때는 이미 해는 지고 어둠이 살짝 시작되고 있었다. 아침에 출발 후에 하루 종일 우리가 먹은 것이라고는 아홉 명이 나누어 먹은 바나나 한 송이뿐이었다. 소중히 아껴두었던(?) 모래 씹히는 옥수수 과자를 나누어 먹었는데 모래가 버석버석 씹혀도 너무 맛있었다. 양이 적은 것이 아쉬웠지만. 긴장 때문인지 배고픈 줄도 몰랐다. 배가 고프지도 않았다.

비포장도로에 들어서기 전까지 우리는 아는 동요를 총동원해서 계속 부르면서 그런대로 전투에 임할 자세가 되어 있었다. 그런데 들어서자마자 두려워졌다. '이 길을 잠깐 지나가는 것이 아니고 밤새 가야 한다고?' 누가 먼저랄 것도 없이 동요는 묵주기도로 바뀌었고 5단이 10단으로 계속 이어졌다.

양쪽으로 사람 키보다 훨씬 큰 수풀이 우거져 있어서 금방 사방이 어두워졌고, 차 한 대 겨우 지나갈 정도의 좁은 길인 데다 깊은 웅덩이마다 진흙탕 물이 고여 있어서 속도를 낼 수 없었다. 차 안에 있는 우리도 엉덩이를 붙일 새도 없이 들썩거렸는데 뒤에 매달리신 신부님들은 철판에 묶인 채 흙탕물까지 고스란히 뒤집어써야 했다.

얼마나 갔을까? 우리 앞에 커다란 트럭이 옆으로 누워있었다. 운전자도 없고, 여기서는 사고가 나도 신속히 처리할 수 있는 시스템이 전혀 없기에 그냥 방치된 채로 있는 것 같았다. 좁은 도로에 차를 뒤로 돌릴 수도 앞으로 갈 수도 없는 난감한 상황에, 운전하시던 권효준 신부님이 내려서 주위를 살펴보신다. 천만다행으로 길옆에 작은 공간이 보였다. 우리 모두 차에서 내려 억센 수풀을 있는 힘껏 밀어서 눕히고 차가 겨우 지나갈 만한 공간을 확보했다. 차가 지나갈 때까지 힘을 다해 풀숲을 누르고 무사히 빠져나가자, 환호가 저절로 나왔다. 그리고 감사 기도도 당연히 저절로 나왔다.

이제 주위는 완전히 깜깜해졌다. 오로지 우리 차량에서 나오는 불빛이 전부였고 차츰 짐승들의 공격이 두려워지기 시작했다. 여기서 짐승을 만나면 우리는 할 수 있는 게 아무것도 없었다. 사자만 나타나지 않기를 바랐지만, 신부님은 코끼리가 더 위험하다고 하셨다. 코끼리가 커다란 덩치로 우리 차를 쓰러뜨리고 밟을 수 있으니 더 무섭다고. 얼마 전에도 마을에 나타난 코끼리에 밟혀서 할머니가 사망했다는 뉴스를 본 적이 있다고 하시니.
 앗. 혹시 사자가 나타나면 뒤에 매달린 신부님들은 아무 보호장치도 없이 완전 노출되어 있는데 그냥…

무서운 상상에 두려움은 점점 커져 갔지만 좁은 자리에서 덜컹거리는 고통이 두려움을 삼켜버렸다. 너무 힘들어서 뒤에 매달린 신부님들 걱정은 잠깐씩 날 뿐이다. 우리가 자리를 바꿔달라 해도 바꿔주실 리도 없지만 사실 그럴 용기도 없었다.

운전은 곽용호 신부님도 중간에 하셨지만 주로 권효준 신부님이 하셨는데 운전하기가 여간 힘든 게 아니었다. 깊은 흙탕물 웅덩이가 너무 많아서 속도를 낼 수도 피할 수도 없이 고도의 속도 조절과 요령이 필요했다. 뒷좌석 창문 위에 있는 손잡이를 두 손으로 부여잡고 비좁은 공간에서 몸은 반쯤 공중에 떠 있는 곽용호 신부님은 '나는 못 해. 나는 안 돼.'를 계속 소리 높여 속삭이고 계셨다.

권효준 신부님도 이 길을 딱 한 번 간 적이 있어서 중간에 갈림길이 한 군데 있는데 어느 쪽이 맞는 길인지 확신이 없다고 하셨다. 아마도 계속 걱정을 하면서 운전하셨던 것 같다. 이때 갑자기 앞에 사람들이 나타나는가 싶더니 양쪽 풀숲으로 순식간에 사라진다. 마치 불 켰을 때 바퀴벌레가 순식간에 사라지듯이.

신부님은 차를 세우고 깜깜한 풀숲을 향해서 큰 소리로 길을 물어보셨다. 풀숲에서도 뭐라 뭐라 말소리가 들렸다. 신부님은 고맙다는 인사와 함께 길을 확인하고 출발했다. 리칭가 가는 길을 묻자 어떤 사람은 길을 알려주는데, '우리를 잡아갈지도 모르는 사람들한테 길을 알려주지 말라.'는 호통치는 소리도 들렸다고 한다.

얼마 안 가서 마을이 나타나고 다행히 기름 넣는 곳도 있어서 기름도 채우고 짐칸에 매달려 오신 신부님들은 이미 진흙탕 물에 다 젖었지만, 판초로 몸을 다시 감싸고 출발했다. 길도 확인했으니 권효준 신부님 걱정도 덜고 밤이 깊어지니 그 힘든 가운데서도 조는 사람이 생기기 시작했다. 혹시 운전하시는 신부님이 졸릴까 봐 뒤에서 계속 말을 시키고 있는데, 멀리서 반짝이는 불빛이 두 개 보였다. '신부님 마을이 또 있나 봐요.' '아니에요. 여우 눈빛이에요.' 헉-

이후로도 여우 눈빛은 여러 번 나타났다. 어떤 여우는 우리 차 옆을 따라 같이 뛰기도 했다. 사자, 코끼리 생각에 여우 따위는 하나도 안 무서웠다. 흥!

우리가 가장 절망에 있을 때 빛으로 오시는 하느님처럼. 어둠이 정점을 찍자 어느덧 새벽이 시작되나 보다. 아주 희미하게 보이기 시작한다. 그때부터 신부님은 속도를 내기 시작했다. 남은 거리와 우리가 비행기 탈 시간을 계산해서 속도를 내신 것이다. 뒤에 매달려 있는 신부님들 배려할 마음의 여유도 시간도 없었다. 나중에 뒤에 계셨던 신부님들 얘기하시기를 욕이 저절로 나왔다고 한다. 낡은 자동차에서 뿜어져 나오는 매연을 목이 칼칼하도록 고스란히 삼키며, 흙탕물이 튀는 철판 위에서 뒤를 향해서 달리는 덜컹거림이 짐작이 가나요?

사실 밤새 열심히 가면 아침에는 주교관에 도착할 줄 알았다. 이제 날이 훤히 밝았는데 우리는 아직도 수풀 속을 달리고 있다. 이제는 비행기를 놓칠까 봐 걱정이 되었다. 신부님은 전속력으로 달렸고 겨우 시내에 들어섰지만, 공항으로 갈 수가 없었다. 뒤에 매달려 오신 총장 신부님은 우리와 함께 한국으로 가셔야 하는데, 완전 진흙탕 물에 절어서 그 상태로는 비행기를 탈 수가 없다. 말로는 도저히 설명할 수 없을 정도였으니까.

주교관에 도착하니 주교님이 대문 밖까지 나와서 우리를 기다리고 계셨다. 아침을 준비해 놓고 기다리셨지만, 밥 먹을 시간이 없었다. 총장 신부님은 물 한 번 끼얹고 옷 갈아입고 우리는 바로 공항으로 향했다. 겨우겨우 도착했는데 탑승이 끝났다고 우리를 받아주지 않는다. 우리가 걱정되어 공항까지 따라오신 주교님이 나서서 왔다 갔다 하시고 목소리를 높이자 닫혔던 비행기 문이 열리고 우리는 짐을 실을 수 있었고 헐레벌떡 비행기에 올랐다.

나중에 신부님들 표현이, 뜨는 비행기를 다시 내려서 탔다고 하셔서 거짓말 조금 보탠 농담인 줄 알았다. 그런데 사실이었단다. 물론 아프리카여서 가능했던…

우리 소식을 들은 주교님은 우리가 지나는 길목에 있는 마을마다 연락을 하셨지만, 어떤 소식도 듣지 못하시고, 신부님들은 물론 한국에서 온 손님들까지 걱정이 되어 우리와 똑같이 밤새 애를 태우셨다고 한다. 공항에서 주교님의 목소리는 쩌렁쩌렁하셨는데 그건 간절함에서 나온 것이었다. 뜨는 비행기를 다시 내릴 만큼…

이렇게 우리는 작별 인사할 틈도 없이 '리칭가'를 떠나며 마침내 어제 아침 9시부터 오늘 아침 11시까지 스물여섯시간의 대장정을 마무리 지었다.

좌석에 앉자마자 한 자매님이 안도의 숨을 돌리며
'휴 하마터면 오늘 비행기 놓치고 내일 탈 뻔했네요.' 하자,
'다음 비행기는 일주일 후에 있어요.' 신부님이 말씀하셨다.

어떠한 피조물도 … 하느님의 사랑에서 우리를 떼어 놓을 수 없습니다.(로마 8,39)

모잠비크에서 살아요

　빨래 바구니 옆에 끼고 빨래하러 가시는 깔끔쟁이 곽용호 신부님 모습을 떠올리면 웃음 짓곤 했었는데. 모잠비크에 계시는 곽용호 신부님이 위독해서 한국으로 오시는 중이라는 소식을 듣고 후원회원들과 마음 졸이며 기도했다. 위험한 고비를 넘겼다는 소식을 듣고 한참 뒤에 찾아뵈었을 때도 얼굴을 비롯해 온몸이 노란 물감 속에 들어갔다 나온 것처럼 노랗다. 흰 러닝셔츠가 금방 노랗게 되어 수도 없이 갈아입으신다는데, 황달 증세가 심각해 보였다.

　한국에 오시기 전까지 모잠비크 수도 마푸투와 남아공의 요하네스버그 병원을 전전했지만, 말라리아라고 했다가 유행성 출혈열이라고 했다가… 아무튼 독한 약을 먹다 보니 간과 신장이 이미 이상이 있는 위중한 상태로 오신 것이다.

다행히 한국에 오셔서 증세가 호전되어 퇴원은 했지만, 혈뇨는 계속되었고 일 년이 다 되도록 원인을 찾지 못했다. 수녀님의 추천으로 찾아간 방광암으로 유명한 의사는 당장 내시경을 해야 한다고 겁을 주었다. 그런데 결과는 충격적이었다. 방광에서 커다란 덩어리가 발견된 것이다.

의사가 보기에도 경험상 틀림없이 심각한 수준의 암 덩어리여서 최대한 빨리 제거 수술을 하셨단다. 조직 검사 결과를 보러 간 날, 의사의 첫 마디는 '도대체 어디서 뭘 하면서 사는 분이세요?'였고, 그제서야 신분을 밝히고 모잠비크에서 살고 있다고 고백하셨다는데. 그 큰 덩어리는 암 덩어리가 아니라 기생충 덩어리였다고 한다. 신부님은 바로 감염내과로 보내졌고, 거기서도 의사들끼리 난리가 났다고 한다. 생전 처음 보는 기생충인지라.

밝혀진 바로는 빅토리아 폭포 이남의 모든 하천에 살고 있는 '빌하르츠 주혈흡충'이라는 기생충인데, 이로 인한 감염성 질병은 사망률이 매우 높다고 한다. 신부님이 냇가에서 빨래할 때 강물에 사는 유충이 피부를 통해 몸속으로 들어와서 혈류를 타고 돌아다니다가 물이 많은 곳을 찾아서 기생하는데 그곳이 방광이었다. 어찌 상상이나 할 수 있었겠는가!

곽용호 신부님 때문에 흘렸던 눈물이 채 마르기도 전에, 이번에는 박광기 신부님이 또 위독해서 귀국 중이라는 소식을 들었다. 박광기 신부님은 말라리아에 걸렸었는데 눈을 떠보니 병원이었다고 한다. 며칠 만에 눈을 뜬 건지 그동안 무슨 일이 일어났는지 전혀 모른 채. 의식 없는 신부님을 발견했을 때 매우 위급한 응급상태였다고 한다. 마푸투 병원에서 의식을 찾고서도 증세는 호전되지 않았고, 직전에 곽용호 신부님 경험상 빨리 귀국을 결정해서 한국으로 오셨다. 다행히 치료를 잘 받고 회복하셨는데 지체되었다면 어떻게 됐을지 모르는 일이었다. 하마터면 말라리아로 돌아가실 뻔했던 것이다.

그런데 신부님들은 이런 일도 큰일이 아닌 듯이 늘 말씀하신다. 맨 처음 모잠비크에 갔을 때 곽용호 신부님, 박광기 신부님, 권효준 신부님 세 분 신부님 사시는 모습이 정말 아름다웠다. 항상 위험에 노출되어 있는 우리 신부님들을 위해 기도하는 이유일 것이다.

5장
파푸아뉴기니

2016.07.

여기 파푸아뉴기니 맞아?

　파푸아뉴기니를 제일 먼저 느끼는 곳은 늘 공항이었다. 10년 만에 다시 파푸아뉴기니 수도 포트모르즈비 국제공항이다. 와-우 공항이 변해 있다. 휴대폰 매장이 들어서 있고 형광등 불빛에 번쩍번쩍하다. 꼬질꼬질하고 퀴퀴한 냄새나던 의자도 세 번째 만남에서는 정겹게 느껴질 수 있을 거라 자신했었는데 산뜻한 플라스틱 의자로 바뀌어 있었다. 아마도 처음 오신 분한테는 턱없이 작고 초라해 보이는 실망스러운 공항이었겠지만 내게는 어마어마하게 발전된 모습이었다. 여기 파푸아뉴기니 맞아?

　하지만 마당 공항과 마중 나오신 신부님은 예전과 변함없었다. 우리 짐은 여전히 수레에서 내려졌고 신부님들도 여전히 반바지에 쪼리를 신고 상기된 미소로 우리를 맞아주셨다.

첫날

　첫날 밤을 익숙한 듯 잘 자고 일어났는데. 큰일 났다. 허리를 펼 수가 없다. 오기 전에 병원도 다니면서 운동도 하고 준비한다고 했는데 어제 트럭을 타고 비포장도로를 이용해 이동하다 보니 그사이에 그만 탈이 났나 보다. 첫날인데. 아직 시작도 안 했는데. 나 때문에 계획에 차질 나면 어쩌지. 민폐 덩어리가 되면 어쩌지. 더럭 겁이 났다.

　내 허리 아픈 건 한방에서 같이 잤던 자매님들 사이에 조용히 순식간에 알려지고, 한 형님은 조용히 와서 내 열 손가락에 자석 봉을 다 붙여 주시고, 약국 운영하는 약사 형님은 비상으로 가져온 허리 아플 때 먹는 약을 주시고, 또 다른 자매는 내 허리에 약을 잔뜩 발라주고 마지막으로 내 허리는 파스로 뒤덮였다.

진짜 약효는 대단했다. 허리를 펴고 아무 일 없다는 듯이 하루 일정을 보낼 수 있었는데, 다음 날 아침이면 내 허리는 또 고장 나 있었다. 아침마다 먹고 바르고 붙이고 하면서 하루하루 연명하듯이 버티고, 브라만 본당에 갈 때는 이동 시간이 길어서 할 수 없이 창피를 무릅쓰고 트럭에 드러누워서 갔다. 결국 다른 분들이 가져온 비상약을 나 혼자 다 쓰고 왔다.

많은 분이 그 많은 양의 비상약을 오로지 나를 위해 준비해 오신 것처럼, 지금 생각해도 아찔하고 감사한 마음뿐이다.

선교지에 계신 신부님들 대부분이 특히 허리가 안 좋은 이유가 항상 비포장도로를 다니기 때문이다. 피할 수 없는 현실이므로 휴가차 한국에 들어오시면 많은 시간을 치료받는 데 쓰실 수밖에 없다.

미지의 땅 멘디,
엄마 목소리

한국외방선교회 신부님들은 '마당'(Madang)과 '멘디'(Mendi) 두 교구에서 활동하고 계시지만 내가 지금까지 다닌 곳은 마당대교구뿐이다. 멘디교구는 산악 지방으로 1930년대에 사람이 살고 있다는 것이 처음 알려진 미지의 땅이다.

지금도 돌도끼를 사용하는 부족이 살고 있는 곳. 경비행기를 타야만 들어갈 수 있는 곳. 우리가 가고 싶어 해도 위험하다고 안 데려가시는 곳. 생활의 불편함을 떠나서 강도를 만난다거나(흔한 일이고, 물질적 피해뿐 아니라 육체적이고 정신적인 상해와 충격을 받는다고 한다.), 부족끼리 싸움이 벌어질 때 목숨까지 위협받는 곳. 거기에서도 우리 신부님들이 살고 있다.

다행히 멘디에서도 신부님들이 핸드폰을 사용할 수 있다. (물론 집에서도 핸드폰이 터지는 장소를 찾아야 하고 비싼 요금 때문에 자주 쓸 수 없지만) 이 멘디에서만큼은 핸드폰이 우리 신부님들에게 외부와 소통할 수 있는 유일한 무기(?)여서 사실 너무나 고마운 선물이다.

멘디에서 살고 계시는 서용범 신부님은, 어느 날 저녁 한국에서 가져온 번데기 통조림을 먹었는데 얼마 지나지 않아서 얼굴에서부터 붉은 반점이 부풀어 오르더니 순식간에 목(기도)과 코(비강)까지 부어서 숨쉬기가 어려울 지경이 되었단다. 처음 먹는 음식도 아니고 심지어 어릴 때부터 좋아하던 건데 타지에서 오래 살다 보니 체질이 변한 건지, 아니면 상했나? 숨쉬기가 점점 더 힘들어지자 더럭 겁이 났다고 한다. '아- 이러다가 죽을 수도 있겠구나!'

먼저 같은 멘디교구에 있는 고혁주 신부님한테 연락해서 상황을 알리고 혹시라도 무슨 일이 생기면 처리해야 할 일들을 당부하자, 고혁주 신부님은 지금 당장 신부님한테 오겠다고 했지만 4시간 이상 떨어진 곳이기도 하고 이 밤중에 너무나 위험하고, 온다고 해도 도와줄 건 아무것도 없기에 극구 말리셨다고.

한국의 간호사 지인에게 전화를 했더니, 의사에게 문의해 주었고, 그 지시대로 먼저 알러지약을 두 배로 먹어보았지만 효과가 없었다. 병원에 가서 주사 맞기를 권했는데, 가장 가까운 병원도 차로 5시간 거리에 있고, 동네에 운전이 가능한 사람이 신부님뿐이라서 갈 수도 없었다.

의사의 마지막 처방은 침대에 누워 머리를 침대 밖으로 내놓고 심호흡을 하며 기도를 확보하고 절대 잠들지 말라는 것이었다. 그러나 숨쉬기는 더 어려워졌고, '이제 끝이구나'라는 생각이 들었다고 한다.

신부님은 그때 마지막으로 엄마 목소리가 듣고 싶었다고 한다. 엄마 목소리를 듣는 순간 눈물이 핑 돌았지만, 단번에 '목소리가 왜 그러느냐?'는 엄마의 걱정을 안심시키고 얼른 전화를 끊었다. 이제는 호흡조차 하기 힘들어지면서 자꾸 잠이 쏟아졌다. '아- 이러다 잠들면 죽는 거구나.' 하면서 잠과 죽음과의 싸움이 시작되었고, 끝날 것 같지 않았다. 두려움은 점점 더 커졌고… 얼마나 시간이 지났을까. 숨쉬기가 조금씩 편안해지면서 부기가 점점 가라앉기 시작했다고 한다.

그 시간 어머님은 얼마나 간절히 기도하고 계셨을까.

엄마들은 말이 별로 없는 아들 전화 목소리만 들어도 아픈지, 힘든지, 감정 상태가 어떤지 다 알 수 있다. 말씀은 안 하셨지만 아마도 아들 신부님이 전화 끊는 순간부터 밤새 기도하셨을 거다.

주님은 너를 지키시는 분. 주님은 너의 그늘. 네 오른쪽에 계시다.
(시편 121,5)

인간이 무엇이기에 이토록 사랑하십니까

　김용재 신부님은 총장 신부님 시절 사목 방문 때 멘디에서의 경험을 지금도 눈시울이 뜨거워지도록 가슴 속에 가지고 계셨다.

　경비행기를 타고 도착한 멘디는 신부님이 지금까지 듣고 글로 읽었던 것보다 충격적이었다고 하셨다. 열악한 환경은 예상했던 것이지만 불에 타서 부서진 부족 간 전쟁의 상처가 곳곳에 그대로 있었고, (실제 부족 전쟁이 나면 때로는 신부님들의 목숨도 위태로울 수가 있어서 다른 곳으로 피신하기도 한다고 하신다.) 너무나도 형편없는 신부님의 식사. 공소 방문을 위해 험난하기 그지없는 산악지대를 거침없이 다니고 고산지대라 밤에는 꽤 추운 곳인데도 난방 시설 없는 곳에서 빈대와 벼룩과 사투를 벌여야 하고.

총장 신부님 오셨다고 최고의 대접을 해드리고 싶었던 신부님들이 숙소를 멘디 교구청에 마련해 주셨는데 해발 2,000m 지역이라 밤에 어찌나 추운지 담요 세 장을 덮고도 밤을 꼬박 새웠다고 한다. 사목 방문이지만 임정욱 신부님 계시는 곳은 너무 위험한 지역이라 총장 신부님을 못 오시게 하고 대신 임정욱 신부님이 내려오셨단다. 멘디교구에 계시는 임정욱, 서용범, 고혁주 신부님과 김용재 신부님 네 분의 마지막 날 만찬은 신부님들이 어렵게 어렵게 구해오신 튀긴 닭(우리나라의 튀김 닭을 생각하면 큰일 남)과 더 어렵게 구해 오신 맥주가 전부였지만 최고의 만찬으로 기억하고 계셨다. 얼마나 귀한 걸 얼마나 어렵게 구해 오신 줄 알기 때문에.

다시 경비행기를 타고 멘디를 떠나는 날. 환하게 웃으며 손을 흔드는 세 분 신부님의 모습을 보는 순간, 방문 내내 차곡차곡 하나씩 쌓여있던 상황과 마음이 한꺼번에 뜨거움으로 올라오면서 눈물이 쏟아졌다고 하신다. 그때 그 순간만 떠올리면 항상 눈물이 난다고 하시면서 말씀해 주시던 그때도 눈에 눈물이 고였다.

같은 선교사제로서 형제로서, 신부님은 그날의 눈물을 이렇게 메모로 남기셨다.

거친 길, 상존하는 부족 간의 갈등과 충돌 그리고 여전히 계속 직면할 수밖에 없는 문제들. 이 모든 것들이 사제들을 힘겹게 하고 삶을 지치게 해도 역설적으로 사제들은 이곳을 사랑한다. 사람들을 사랑한다. 자신들을 이곳에서 살아갈 수 있도록 하는 더 좋은 것을 생각하고 그것 때문에 계속 살고 싶어 한다… 심지어 뜻밖에 당할 수 있는 재난이나 상해를 염두에 두면서도 이곳에 머물고 싶어 한다. 늘 이해하기 어려운 문화와 풍습에 당황해하고 그래서 불평할 때도 있지만, 그래도 이 길을 걷는 것을 두려워하지 않고 오히려 살맛 나는 곳이라고 말하는 나의 형제들.

이런 모습을 어떻게 설명할 수 있을까? 사제들의 삶을 목도하면서 잠시 내적인 혼란에 빠져든다. 우리가 여기서 살아가는 이유가 무엇일까?

파푸아뉴기니 그 척박한 땅에도 사람들이 살고 있기 때문이다. 사람이 있는 곳에 하느님의 손길 곧 진리의 말씀과 사랑이 있어야 하기에 예수님이 세상에 오신 것처럼.

인간이 무엇이기에 이토록 기억해 주십니까?
사람이 무엇이기에 이토록 돌보아 주십니까?(시편 8,5)

무지하게 더운데 천국이다

　바나라(Banara) 성당의 바다는 여전히 천국이다. 바다에 뿌리를 박은 채 아이들의 놀이터가 되어주는 나무에 올라 그 이쁜 바다로 수도 없이 뛰어내리고 지칠 때쯤, 바닷물에 젖은 몸을 모래에 뒹굴리면 하얀 모래가 아이들을 설탕 묻힌 핫도그같이 만들어 버린다. 세상 어디에도 없는 아이들의 밝은 얼굴과 숨넘어갈 듯한 웃음소리. 아이들 뒤로는 태양이 오늘 하루를 오렌지빛으로 마무리하고 있다.

　박세철 신부님의 안내로 바닷가 마을을 둘러보는데, 설탕같이 곱고 하얀 모래는 절대적으로 눈부시게 반짝거리고, 비록 모래 위에 단순하게 지어진 집이지만 살림살이가 많이 나아진 듯해서 내가 뿌듯했다. 집집마다 엎어져 있는 반짝반짝 빛나는 양은 냄비들이 이렇게 이쁠 일인가!

교우들이 잡아다 준 새우를 쪄먹기도 하고 구워 먹기도 하면서 저녁을 먹고, 바나라에서의 밤은 더위와의 전쟁이었다. 하루 종일 뜨거운 태양에 달궈진 슬레이트 지붕과 시멘트벽의 건물 안은 숨이 턱 막히도록 더워서 잠을 잘 수가 없었다. 물이라도 한 바가지 끼얹으면 좋으련만 깜깜한 건물에서 1층 구석에 있는 세면장까지 찾아가기가 쉽지도 않고 혼자서 겁도 났다.

밤새 왔다리 갔다리 하다가 새벽이 되어 밖으로 나가 보니, 사제관에서 자기로 했던 형제님들이 마당 시멘트 바닥에서 자고 있었다. 아마도 더워서 자다가 마당으로 나와서 자는 것 같았다. 시멘트 바닥이 얼마나 시원한지는 나도 경험해 봐서 안다. 그래서 형제님들이 무지 부러웠다.

잘 가꾸어진 잔디와 김지환 신부님의 정성스런 손길이 느껴지는 꽃밭이 눈부시던 아름다운 왈륨 본당. 브라만의 저녁 내내 내리던 깜깜한 빗소리와 김일영 신부님의 차분히 행복한 모습. 땅구에 계시는 김선헌 신부님 큰 눈이 자꾸 눈에 밟힌다.

오늘도 험난했던 집으로 가는 길

새벽 4시 기상 '마당' 공항으로.

웬일로 공항에 사람들이 바글거렸다. 신부님 말씀으로는 조종사들이 파업을 해서 우리가 비행기를 탈 수 있을지 모른다고 하신다. 뉴스를 보고 아마도 걱정하고 계셨던 것 같다. 바글거리는 사람들 틈에서 우리도 기다리기로 했다. 신부님들은 분주히 왔다 갔다 하면서 어떻게든 방법을 찾으려고 애쓰셨지만, 속수무책인 듯했다.

우리가 예정했던 탑승 시간을 훌쩍 넘기고도 우리는 아직도 그 좁은 곳에서 하염없이 기다리고 있었다. 사람들의 얼굴에 긴장감이 보였고 우리도 덩달아 긴장이 되었다. 한참을 더 기다리고 있는데 웅성거리는 소리가 들리는 듯해서 무슨 일인지 돌아보려는 순간 신부님 목소리가 들렸다.

'빨리 모두 나오세요.'

다급해 보이는 신부님 목소리에 본능적으로 밖으로 뛰었다. 어느새 신부님들이 옆에서 우리를 에워싸듯이 몰고 나오더니 차 속으로 밀어 넣었다. 차는 곧바로 출발해서 공항을 빠져나왔다. 영문도 모른 채.

여기서 공항은 말씀드렸듯이 우리나라 시골 버스정류장 정도의 규모다. 별말씀 없이 달리던 신부님은 어느 정도 공항에서 벗어나자 그제서야 긴장을 풀고 말씀하셨다. 폭동이 일어날 것 같아서 위험할 수 있으니 얼른 피했다는 것이다. 경험상 그분들의 움직임을 빨리 파악하셨던 것 같다.

저녁이 되어서야 항공사에서 마련해 준 호텔로 향했다. 새벽에 일어나서 저녁때까지 집으로 가는 길은 아직 시작도 못 했다.

나중에 한국에 들어와서 안 일이지만 그때 남편은 걱정을 많이 하고 있었단다. 한국 뉴스에 파푸아뉴기니 수도 포트모르즈비 공항의 파업과 폭동이 심각하게 보도되었다고 한다.

홍콩에서, 이방인

파푸아뉴기니에서 일정이 꼬이고 비행기 스케줄 상 경유지인 홍콩에서 하룻밤을 자야 했다. 김동주 신부님이 우리를 안내해 주셨는데, 이번에도 홍콩에 계신 신부님들께 신세를 져야 했다.

2007년 처음 모잠비크에 갈 때 홍콩에서 문제가 생겼다. 환승 과정에서 수하물이 초과되는데 추가 요금 낼 돈이 없어서 김용재 신부님이 해결해 주셨다. 그때 카드 결제가 안 되었는지 기억이 나진 않지만, 김순겸 신부님의 SOS에 신부님이 달려 나오셨던 것이다. 점심까지 얻어먹고 당황한 기색 없이 차분히 문제를 해결해 주시던 김용재 신부님께 고맙기도 하고 죄송하기도 하고 그랬었다.

홍콩은 한국외방선교회 신부님들이 선교지로 파견될 때나 휴가차 나오실 때 경유지가 될 때가 많고, 나도 모잠비크나 파푸아뉴기니 방문할 때마다 홍콩을 들를 때가 많아서 늘 신부님들이 뒤치다꺼리를 해주셨다.

한국외방선교회 신부님들은 선교지 어디에서나 현지인들을 사목하신다. 내가 홍콩에서 신부님들을 처음 뵈었을 때 10년 이상 홍콩에서 사목 중이라 잠깐 만난 교우들이 우리 신부님들과 친근하게 잘 소통하고 존경하는 모습이었다. 신부님과 교우들 모두 행복해 보여서 기분 좋은 곳이다.

하지만 나는 맨 처음 홍콩에 왔을 때 습한 아열대성 기후로 한증막에 들어선 듯한 숨 막히는 끈적거리는 더위에 썩 호감적이지 않았다. 실내에 들어서면 어디든 시원한 냉방 시설이 잘되어 있었지만, 여행이 아니라 여기서 살아야 된다면 글쎄~

사계절이 뚜렷하고 항상 자연 바람으로 추위와 더위를 나고 생야채로 발효시켜 만든 매콤한 김치를 주 반찬으로 먹고 살다가 냉방 기기로 만들어진 온도에 항상 기름진 음식은 언어와 문화를 극복하는 것만큼이나 힘들었다고 하신다. 30년 넘게 이미 익숙해진 삶의 방식과 관습을 내려놓기가 어떻게 쉬울 수가 있겠는가!

늘 선교지의 삶과 문화에 자신을 녹여야 하는 도전의 연속인 선교사의 삶은 어쩔 수 없는 이방인으로서 선교지 어디에서든 안쓰럽고 존경스럽다. 그래서 또 기도하게 된다.

선교사는 주님의 진리와 사랑을 전하고자 '자신의 가정과 국가 그리고 자기 언어와 자기 교회를 떠나' 이국으로 파견되어 살아가는 사람이다. 선교사는 파견된 자로서 그를 파견한 분 곧 주님으로부터 주어진 사명에 충실하고자 노력한다. 주님께서 선교사에게 주신 사명은 당신께서 친히 사람이 되시어 우리와 더불어 살아가며 보여주신 육화의 길이다. 그러기에 선교사는 자신이 파견된 곳에서 예수님의 모범을 따라 하느님의 사랑과 진리를 증거하고 동시에 원주민을 닮고자 노력하며 살아간다.

이것이 선교의 목적이고 동시에 선교사의 정체성이기도 하다.

- 김용재 신부 《〈생활성서〉》 2019년 12월호 -

6장
대만

2008, 2015

해님만 내님만 보신다면야

    대만은 한국외방선교회에서 1981년 파푸아뉴기니 다음으로 1990년 우리 신부님들을 파견한 두 번째 선교지이다.
    사실 어느 선교지를 가던, 아무리 열악한 지역이라도 신부님들이 행복해 보이는 것으로 안쓰러운 마음의 위안이었는데, 처음 대만에 갔을 때(2008년) 몇몇 신부님들이 행복해 보이지 않아서 마음이 아팠었다.

    대만의 날씨도 너무 덥고 습해서 (그냥 덥다는 표현은 많이 부족하다.) 일상생활이 걱정스러워 보였지만, 신부님들은 잘 적응하고 계신 것 같았다. 오랫동안 비워두었던 성당이 많았기에 여기가 대만이 맞나 싶을 정도로 작고 허술했다.
    주일에도 보기 어려운 신자들을 평일에 방문한 우리가 만날 수 없는 건 당연했다.

신부님들이 활동하고 있는 신쭈(新竹)교구는 대만에서도 가난한 지역인 데다 주로 원주민들이 살고 있다. 본당 신자가 열 명이 안 되는 곳도 있었고 한가족이 신자인 경우 그 가족이 미사에 빠지면 신부님 혼자 주일 미사를 드릴 때도 있다고 한다. 신자가 스무 명만 되기를 소원하는 신부님도 있었고, 중국에서 공부하며 사셨던 신부님은 혼자 미사드리던 때를 생각하며 몇 안 되는 신자들이라도 함께 기도하고 미사드릴 수 있다는 것에 매일매일 감사드린다고 했다.

신부님이 뭐 하는 사람인지 전혀 인지되어 있지 않은 문화에서 신자 없는 사목을 하는 신부님들은 파푸아뉴기니, 모잠비크 등 오지에서 문명의 소외감과 무지의 벽과 사투를 벌이듯, 무력함과 사투를 벌이고 있었다.

2015년 두 번째 방문에서는 신부님들의 환하게 웃는 모습을 뵐 수 있어서 덩달아 무조건 좋았던 기억이 난다.

원주민들이 사는 곳에서 활동하시는 신부님들은 공용어인 중국어와 원주민들의 언어를 함께 사용하면서 미사를 봉헌하셨다. 원주민 언어에 더 익숙한 신자들을 위한 배려에서다. 사실 신부님은 원주민 언어에는 서투를 수밖에 없는데도 신자들이 미사에 좀 더 편하게 참여할 수 있도록 각각의 부족어를 배워가면서 미사를 봉헌하셨다.

신자들의 얼굴에서 기쁨을 볼 수 있는 것이 단지 언어 때문이었을까? 비록 말이 완전하지 못하더라도 표정과 몸짓, 마음에서 분명 사랑의 교감이 있지 않았을까? 본당 방문 때마다 신자들이 반겨주고 우리를 위해 준비한 모든 것에서 정성과 기쁨이 보였다. 무엇보다 신부님과 신자들이 돈독해 보여서 좋았고 신부님들의 웃는 모습이 좋았다. 신자들의 수는 중요하지 않다. 신부님이 혼자가 아니라 신자들과 함께여서 좋았다. 최민순 신부님의 '두메꽃'을 기억한다.

> 외딸고 높은 산 골짜구니에 살고 싶어라.
> 한 송이 꽃으로 살고 싶어라.
> 벌 나비 그림자 비치지 않는 첩첩 산중에
> 값없는 꽃으로 살고 싶어라.
> 해님만 내 님만 보신다면야 평생 이대로
> 숨어서 숨어서 피고 싶어라.
> – 최민순 신부님(2022) 《〈님·밤〉》 가톨릭출판사 –

해님만 내 님만 보신다면야 우리 신부님들 어디에 계신들 행복하시겠지요!

돌로 된 마음을 치우고, 살로 된 마음을 넣어 주겠다. (에제 36,26)

7장
캄보디아

2011.02.

신부님의 아침 쌀국수

　박서필 신부님 계시는 스떵뜨랭(Stung Treng)으로 가는 길. 빨간 흙먼지 사이로 사람들과 오토바이가 뒤엉켜 있는 것처럼 보이는 시내를 벗어나 한적한 도로에서도 여전히 빨간 흙먼지는 우리를 바짝 따라다녔다. 선교지에서 비포장도로의 덜컹거림과 흙먼지는 일상이니까. 스떵뜨랭 새 성전은 신부님의 열정과 정성과 수고로움 그리고 사랑이 고스란히 보이는 진짜 아름다운 성당이었다. 반짝반짝 빛나는 성당 구석구석에서도 신자들의 사랑이 보였다.

　2001년도 캄퐁참(Kompong Cham)지목구에 처음 파견되어 지금까지 캄보디아에서 선교사로 살아오신 박서필 신부님이 새 성전으로 오기 전에 계시던 성당과 사제관은, 슬플 정도로 열악하고 가난해 보였다. 그 가난함 속에서도 신부님은 오랜 세월 사목하시면서 무료 진료소까지 운영하고 계셨다.

맨 처음 캄보디아에 오셨을 때 아침은 항상 성당 근처에 있는 시장에서 쌀국수를 드셨다고 한다. 오늘은 이 식당에서 다음 날은 저 할머니 식당에서 매일매일 아침을 돌아가며 시장 안 모든 식당의 단골이 되셨다. 이렇게 그분들과 친구가 되어 다가가셨단다.

우리도 아침을 그 시장에서 쌀국수를 사 먹었다. 말이 식당이지 육수 끓는 뜨거운 솥단지 앞에서 좌판에 쪼그리고 앉아서 먹는 것이었지만 내가 먹어 본 쌀국수 중에서 단연 최고였다.

메콩강의 눈물

김주헌 신부님은 베트남계 신자들이 많은 네악르응(Neakloeung) 지역에서 활동하고 계셨는데 공소가 많은 곳이라고 한다. 작은 배를 타고 메콩강을 한참 달려서 강둑에 늘어선 동네를 한참 지나며 꺼딸 공소에 가는 길은 참으로 비참했다. 난민들이 주로 사는 가장 가난한 동네.(김주헌 신부님은 2022년 9월 24일, 췌장염에 따른 다발성 장기부전으로 투병 중 선종하셨다.)

양쪽에 늘어선 판자촌은 집이랄 것도 없다. 상하수도 시설이 전혀 되어 있지 않은 곳이어서 좁은 통로는 하수구 그대로 질퍽거리고 더운 날씨에 악취도 심하고 전염병이 걱정될 정도였고, 버려진 비닐 조각과 빈 패트병이 끝도 없이 나뒹굴고 있었다.

양쪽에 색 바랜 플라스틱 의자가 몇 개 놓여있고 제대 옆의 유일한 낡은 선풍기에서 뜨거운 바람이 나오는 작은 공소에서 미사를 드리는데, 너무 더워서 집중하기도 힘들었지만 조금 전에 지나온 동네가 어른거려서 어지러울 지경이었다.

크메르 제국의 영광이 있던 나라였지만 오랜 세월 외세의 침략과 베트남 전쟁 때는 북베트남군이 캄보디아로 우회해서 남베트남으로 공격하는 것을 막는다는 명분으로 미국으로부터 무자비한 폭격을 당하고 폴 포트 정권 때 '킬링 필드'에서 살아남은, 상처가 많은 사람들이 사는 곳이다.

파푸아뉴기니나 모잠비크같이 오지의 결핍과는 또 다른 가슴 아픈 풍경이었다. 하루가 다르게 발전함과 동시에 더 심화되는 빈부격차에서 오는 상대적 박탈감과 빈곤함이 더 아파 보였다.

프놈펜(Phnom Penh)에서 희망을

우리 신부님들이 NGO 활동의 일환으로 코미소(KOMISO) 기술교육센터를 운영하고 있다. 가정 형편이 어려워 학교에 가지 못하는 청소년들을 위해 미용, 재봉, 오토바이 정비 기술을 가르치신다.

기숙사에서 생활하며 먹고 자고 배우는 것 모두 무료다. 우리가 코미소에 방문했을 때 십 대 청소년들의 밝고 순수한 눈빛 그 자체였는데 처음부터 그랬던 것은 아니었다고 한다. 십 대 초반 어린 나이에 학교도 못 가고 자존감마저 없는 아이들이 생활 전선에서 인격적인 대우도 못 받고 임금까지 떼이는 경우가 허다해서 이미 어른들과 사회로부터 많은 상처를 받은 상태였다고 한다.

그래서인지 처음에 와서는 한참 밝아야 할 나이에 웃지도 않고 어떤 반응도 없던 아이들이, 신부님과 선생님들이 계속 눈을 마주치려고 인사하면 불과 2~3주 만에 인사도 받아주고 눈도 마주치고 제 나이 또래의 밝은 모습으로 돌아온다고 한다. 일단 끼니 걱정 안 하고 거처할 자기 공간이 있어서 마음의 불안함이 없어져서 그런 것 같다고 하신다. 그래서 기술 교육뿐 아니라 인성 교육도 병행하고 계셨다.

졸업 후 취업을 하고 나서도 아이들 있는 곳을 방문해서 고용주들에게 아이들 부탁도 하고 가르침이 부족하지는 않았는지, 혹시라도 부당한 대우를 받거나 임금을 못 받는 경우는 없는지, 잘 자립할 수 있도록 애프터 서비스까지 하고 계셨다. 마치 물가에 내놓은 자식을 걱정하고 보살피듯이.

눈물로 씨 뿌리던 이들 환호하며 거두리라. (시편 126,5)

8장
멕시코

2012.07.

자랑스럽고 또 자랑스러운
우리 신부님

L·A에서 미주 지역 후원회 워크숍에 참석하기 전, 최강 신부님이 사목하시는 멕시코 캄페체(Campeche)를 먼저 방문하게 되었다.

2010년 8월 멕시코 캄페체교구에 최강 신부님 혼자 처음으로 파견되었다. 불과 2년 뒤에 우리가 멕시코에 방문했을 때 최강 신부님은 아메리카 대륙에서 제일 역사가 깊은 성 프란치스코 성당 주임신부님으로 계셨다. 1517년 프란치스코 수도회가 아메리카 대륙에서 첫 미사가 봉헌된 자리에 세운 성 프란치스코 성당은 멕시코인들도 자부심을 느끼는 성당인데, 그곳에 외국인인 우리 신부님이 주임신부님으로 계신 것이다.

5년 뒤에 있을 첫 미사 봉헌 500주년 기념행사를 준비해야 한다고 하시는데 자랑스럽고 또 자랑스러울 수밖에.

주교님으로부터 성 프란치스코 성당으로 파견되었을 때, 성당의 아이들은 한국 신부님이 오신다는 소식에 손꼽아 신부님을 기다렸단다. K-POP이 멕시코에서도 엄청난 인기를 끌고 있던 때여서 잔뜩 기대하고 있던 아이들이 신부님을 보고 나서는 실망스러운 표정으로 물었다고 한다.
'신부님 한국인 맞아요?'
'그럼!'
'그럼 신부님은 동방신기와 다른 부족인가요?'

이후에도 신부님은 나는 틀림없는 한국 사람이라고 아무리 말해줘도 아이들은 의심의 눈초리를 거두지 않았다고 한다. 다행히 우리가 멕시코를 떠나고 바로 싸이의 '강남 스타일'이 전 세계를 강타했을 때 비로소 아이들은 신부님이 싸이와 같은 부족의 한국 사람이라고 확실하게 인정해 주었다는 얘기를 들었다. 이렇게 신부님은 성 프란치스코 성당에 도착하기도 전에 이미 한국 신부님 스타였다.

캄페체의 착한 목자

멕시코의 성당 외벽은 주로 빨갛고 노랗고 완전 원색적이고 정열적인데 여기, 이 뜨거운 태양과 너무 잘 어울린다. 마야인들의 땅 캄페체는 멕시코에서도 가장 가난한 교구이면서 멕시코인들조차 견디기 힘들어하는 고온다습한 지역 중 하나라고 한다.

바닷가에 있는 성 프란치스코 성당은 젊은 시절 어부로 사시던 분들로 지금은 가난하고 병들은 연세 드신 신자들이 많아서 본당 사목의 주요 부분 중 하나가 이런 환자들과 극빈층 가정을 방문해서 돌보는 일이라고 한다. 성당 근처 호텔을 우리 숙소로 잡아주셨는데, 글쎄 호텔이라는 호칭이 어울릴까 싶을 정도의 시설은 그렇다 치고, 화장실 변기 물통 뚜껑이 없어서 오래된 세월의 흔적이 물때만큼이나 그대로 노출되어 있었다. 이 동네가 얼마나 가난한 동네인지 가늠이 가는 한 장면인 것이다.

　또 본당 미사에 참례가 어려운 연세 드신 분들과 환자들을 위해 2주에 한 번 '출장 길거리 미사'를 다니신다고 한다. 길거리에 제대를 차려놓고 그곳에서 미사를 봉헌하면 연로하신 분들과 환자들은 물론이고 지나가던 냉담 교우들도 부담 없이 고해성사도 보고 미사도 드린다고 한다.
　길 잃은 양들을 위해 성당에서 기다리지 말고, '밖으로 나가서 착한 목자가 돼라.'고 하신 프란치스코 교황님의 말씀을 우리 신부님은 이미 실천하고 계셨다.

　대지를 태울 것 같은 태양이 떨어져 어둑해지면서 기온도 떨어지자, 신자들이 준비한 잔치가 시작되었다. 준비하는 신자들의 일사불란한 움직임에서 얼마나 많은 시간을 신부님과 신자들이 함께 보냈는지 알 것 같았다. 서로에 대한 신뢰의 깊이가 느껴지니 바라보는 우리는 그저 기뻤다. 유독 더위를 탄다는 신부님이 땀을 뻘뻘 흘리면서도 환한 미소를 짓다니! 중남미 특유의 유쾌한 음악과 몸짓에 하마터면 더위를 잊을 뻔했다.

'이렇게 잔치가 끝나고 나서도 저녁 늦게 신자들이 성당에 모여서 묵주기도로 고리 기도를 하고 있었다. 그 열심한 모습이 부럽기도 하고 부끄럽기도 했다. 아무튼 신부님과 신자들의 행복한 모습이 우리를 행복하게 해주었다. 이렇게 되기까지 신부님의 글로 그 마음의 시간을 따라가 본다.

'선교사의 삶은 사실 고되다.
많은 어려움을 넘고 극복해야 하는 고단한 삶이다.
굳건한 의지가 필요한 이유다.
하지만 의지만으로는 부족하고 참된 행복을 느낄 때에야 비로소 선교사의 삶이 가능하다.
행복하고 기쁨을 느끼지 못한다면 끝까지 걸어갈 수 있을까?'

– 최강 신부, 가톨릭신문, 발행일 2016년 10월 2일 –

캄페체교구

지발첸의 먼지와 거미줄

　새로 멕시코에 오신 김지민, 김형준 신부님이 파견될 예정인 '지발첸'(Dzibalchén)으로 가는 길은 열대 정글 사이로 나 있는 도로였다. 간혹 마야 원주민들이 간단한 음료와 과자를 파는 가게랄 것도 없는 가게들이 있을 뿐, 온통 잡목들뿐인 길을 한참 달렸다. 마을에 들어서자 작은 진흙 웅덩이에서 온몸을 뒹굴리며 더위를 식히는 돼지가 우리를 맞아준다.

　찬란한 문명을 이룩했던 마야의 후손들이 사는 곳. 마야 시대의 석조 건축물이 신부님이 거처할 사제관이라는데, '와-우 이 멋진 성에서 우리 신부님이 사신다고!' 기대감도 잠시, 안을 둘러봤을 때는 도저히 사람이 살 수 있는 곳이 아니었다.

너무나 오랫동안 사람이 살지 않은 곳이어서 어디서부터 손을 대야 할지 모를 정도로 아찔했다. 방이나 화장실 등 어느 것도 구분할 수 있는 벽도 안 보이고 두께를 알 수 없는 깊은 먼지와 거미줄이 앞날을 예견해 줄 뿐이다.

'우리 신부님 또 처음부터 시작하셔야겠구나!' 하면서도 희망적으로 보였던 것은 성을 둘러보고 있을 때 우리 주위를 서성이던 순진하게 반짝이는 눈이었다. 그 눈은 신부님이 오신다는 기대감에 한껏 들떠서 더욱 깜빡거렸다.

우리 신부님 여기서도 행복하시기를 기도드린다.

첫 성모 발현지 과달루페

테페약(Tepeyac) 언덕으로 올라가는 넓은 길에는 많은 순례자들이 있었고 어떤 순례자는 그 언덕을 무릎으로 올라가고 있었다. 지반이 약해서 기울어진 구 대성당 옆에 새로 지어진 성당이 나란히 있었고, 발현하신 성모님 모습이 그려진 디에고의 망토가 모셔져 있는 대성당 앞에는 많은 순례자들이 기도하고 있었다.

'걱정하지 말고 두려워하지 말라. 너의 엄마인 내가 여기에 있지 않느냐?' 두 손 모아 우리를 위해 기도하시는 성모님 목소리가 들리는 듯한 이곳에서. 기도하는 뒷모습은 모두 간절해 보였는데 나도 따라서 조용히 무릎을 꿇었다. '여기까지 오게 해주시다니 감사드립니다.' 저 앞에 김명동 총장 신부님 어깨는 더 무겁고 더 간절해 보였다.

이미 파티마 성모 발현지와 루르드 성모 발현지를 다녀왔었지만, 솔직히 성모님에 대한 내 신심은 거의 없었다. 이유는 모르겠다. 과달루페 방문 당시에도 크게 동요됨이 없었는데, 다녀온 후에 자꾸자꾸 생각이 났다.

과달루페 대성전의 풍경, 분위기, 순례자들의 모습, 그때의 나, 그리고 간절히 기도하시던 신부님 뒷모습. 설명할 수는 없는데 성모님 발현지를 다시 가고 싶다는 열망이 너무 커져서 다시 성모 발현지(파티마, 루르드, 메주고리에)를 다녀오는 계기가 되었다.

지금의 나는 매일 예수님과 성모님을 사랑한다고 고백하고 있다. 나는 왜 항상 예수님의 뒷모습만 보는 걸까?

태양은 뜨고 지지만 떠올랐던 그곳으로 서둘러 간다. (코헬 1,5)

9장
필리핀

2013.09.

바기오의 바람

출발하기 며칠 전부터 몸 상태가 너무 안 좋았다. 갈 수 있으려나 걱정은 하면서도 황당했던 건 나도 안 가겠다는 말을 안 하고 남편도 말리지 않았다는 거다. 목숨 걸고 완수해야 할 사명이 있는 것처럼. 다만 걱정이 되었던지 남편이 공항까지 따라 나와서 최기준 회장님께 조용히 나를 부탁하는 것으로 선교지 방문이 시작되었다.

바기오로 가는 길은 험난했지만 너무 아름다웠다. 7시간 동안 꼬불꼬불 산길에 멀미약을 먹었음에도 멀미가 심해서 아름다운 풍경을 제대로 못 본 것이 아쉬웠다. 우리 일정이 은총일 것임을 알려주는 듯 쌍무지개가 우리를 환영해 준다. 한쪽이 낭떠러지인 좁은 산길을 끝도 없이 가다가 시원한 바람이 느껴지면 바기오에 가까이 온 것이다.

바기오는 해발 1,500m 산악지대여서 시원하고 습도가 낮은 곳으로 필리핀에서는 살기 좋은 도시로 꼽히는 곳이라는데, 우리 신부님들이 계시는 곳은 딱히 그렇게 느껴지지 않았다. 도시에서 벗어나 숲이 우거진 산악지대여서 강한 소나기가 한 번씩 쏟아지면 보송보송한 빨래를 기대하지 못할 정도로 습하게 느껴졌다. 아-차 내가 과한 욕심을 부린 것 같다. 선선함의 감사를 잊다니!

지부 마당의 돌과 나무와 곳곳에 찐한 초록색 이끼가 무척 이쁘기는 했다. 산악 지대다 보니 여기저기 흩어져 사는 신자들을 찾아, 위험하고 먼 산길을 걸어서 공소 방문을 해야 하는 것이 파푸아뉴기니와 비슷하게 느껴지기도 했다.

신부님이 우리를 위해 특별히 준비해 주신 숙소는 그래도 꽤 양호한 호텔이었지만 선교지 방문이 처음이었던 반석회 형님들에게는 매우 충격적이었던 것 같다. 머리맡에 기어다니는 바퀴벌레에 기겁하고 화장실 샤워 커튼을 젖히면 뭐가 나올 것 같이 으스스하고 무섭다고 세 분이 한 방에 모여서 자기로 했다. 형님들이 기겁을 한 그 방에서 나는 혼자 잤다.

나는 여기가 좋아요

　이후진 신부님이 사목하시는 보꼿(Bucot) 성당으로 가려면 해발 2,000m를 넘나드는 산을 두 개를 넘어야 하는데 얼마 전 비에 산길이 무너져서 신부님이 걱정하셨지만 무사히 통과했다. 좁은 길 까마득한 낭떠러지 아래에는 계곡물이 콸콸 흐르고 있었다.

　이 골짜기에 이런 큰 학교가 있다니! 생각보다 큰 규모의 학교에 많은 학생들이 창문마다 매달려 손을 흔들며 큰 소리로 우리 이름을 한 사람씩 불러주며 환영해 주었다. 또 우리들 이름이 적혀 있는 현수막까지 걸려 있었고, K-POP에 맞춰 추는 군무와 색동 한복까지 차려입고 정성스러운 환영식을 해주었다.

너무 큰 환대에 옆의 형님은 우리 신부님들과 후원회원들이 받아야 할 박수를 우리가 받는 것 같다며 미안해하셨다.

백열등 하나로 어둠을 겨우 걷어내고 공소에서 미사를 드린 후에 사제관에서 저녁을 먹었다. 이번 선교지 방문에 못 오신 세실리아 부회장님이 챙겨주신 진공 포장된 족발이 단연코 최고였다.

오랜만에 한국말에 한국 음식과 우리가 가져간 소주를 한 잔하시고 분홍 얼굴로 환하게 웃으시던 이후진 신부님. (웃으실 때 이가 없는 신부님 모습에 슬프기도 했었다.) 자신의 가족과 조국을 떠나 자기 언어와 자신의 모습마저 희생하며 선교사의 삶을 살았던 신부님. "나는 여기가 좋아요. 궁핍하지만 순수한 이 사람들과 살다가 여기서 죽을 거예요." 저녁을 먹으며 이렇게 말씀하셨던 신부님은 꼭 3년 뒤에 당신이 사랑하시던 신자들 옆에서 55년의 삶을 묻으셨다.

그날 밤 우리는 신부님 사제관에서 새로 마련해주신 알록달록 새 이부자리에서 푹 잘 잤다.

신부님은 우리에게 행운입니다

윤기호 신부님이 사목하시는 레판토(Lepanto) 성당도 해발 2,000m를 오르내리는 꼬불꼬불 산길을 가야 한다. 손에 닿을 듯한 구름 구경 실컷 하면서 굽이굽이 가는 길. 역시나 멀미약은 아무 소용 없이 4시간을 갔다.

금 채굴 광산에 있는 성당이어서 신자들이 경제적으로 안정된 곳으로 주변 환경도 깨끗했다. 우리가 도착한 날이 마침 윤기호 신부님 생신이어서 정성스럽게 케이크와 음식이 준비되어 있었다. (신부님 오신 지가 몇 개월 안 되었는데 신자들이 어찌 알았는지 궁금해하시며 신부님은 더 감격하셨다.) 옆에 앉아 있던 형제님이 '신부님은 우리에게 행운입니다.' 하신다. 그 얼굴에서 신부님에 대한 존경심과 신뢰가 깊이 느껴져서 어느 때보다 기뻤다.

산속 깊이 광산이 있는 지역이라 신부님이 찾아가서 미사를 드리기도 한다. 우리도 안전모를 쓰고 갱 안으로 들어가는 열차(?)를 타고 한참을 들어가자 제법 넓은 공간이 나온다. 거기에 제대를 차리고 광부 신자들과 함께 미사를 드렸다. 광산의 갱도 안에서의 미사라… 우리에게는 한 번의 특별한 경험이지만 신부님의 일상인 것이다. 땀 흘리며 일하다가 와서 미사를 드리는 신자들과 그 신자들을 찾아 갱도에서까지 미사드리는 신부님. 모두 주님 보시기에 얼마나 이쁘실까!!

우리들을 위해 신부님이 데려간 바탕가스와 빅노이 섬은 재미있었지만 기억이 잘 나지 않는다. 신부님들 힘드신 것을 알면서도 사실 우리는 신부님들과 하루라도 함께 더 있고 싶어 했으니까.

인솔자이신 곽용호 신부님. 우리에게 맛있는 밥을 두 번이나 해주신 김명동 신부님, 이상헌 신부님, 이후진 신부님, 윤기호 신부님, 유동진 학사님 오래 기억될 것입니다. 선교지 방문 후에 매듭 묵주를 만들어 감사의 마음을 담아 신부님께 보내주신 아가다 형님과 선교지 방문 자료를 제공해 주신 카타리나 형님께도 감사드립니다.

10장
알래스카

2017.06.

홀리 크로스 성당,
다른 종류의 벅찬 감동

2012년 이성규 신부님은 처음으로 알래스카 앵커리지(Anchorage)대교구에 파견되어 활동하고 계셨다. 미국에 선교사가 파견되었다는 게 의아했지만 알래스카 앵커리지대교구도 외부로부터 선교적 도움을 받아야 하는 곳이라 한국외방선교회 신부님 파견을 요청한 것이라고 한다.

알래스카에 오기 전에 뉴저지 뉴왁(Newark)대교구, 메이플우드 성당에서 사목 중이신 김상균 신부님도 뵈었는데 활기차고 자신감 넘치는 신부님 모습에서도 선교적 도움에 매우 적극적이심을 알 수 있었다.

이성규 신부님이 주임신부님으로 계시는 홀리 크로스 성당에서 김용재 총장 신부님과 이성규 신부님이 함께 미사를 집전하실 때, 제대 뒤 유리창 너머로 보이는 푸른 나무와 함께 주눅 들지 않고 자신만만한 우리 신부님들 모습에 여기서도 울 뻔했다. 미국에서는 안 울 줄 알았는데 다른 종류의 벅찬 감동이었다.

강론을 하실 때 잘 알아들을 수는 없었지만 중간중간 신자들의 웃음소리와 표정에서 얼마나 신부님의 말씀에 집중하고 공감하는지 알 수 있었고 분명히 명강론을 하셨음이 틀림없다고 확신할 수 있었다.

미사 후에도 신자들에 둘러싸여 허물없이 얘기 나누는 신부님만 봐도 먼발치에서 또 울컥하고, 신자들의 전폭적인 지지와 사랑을 받고 있는 것이 느껴져서 괜히 내 어깨가 으쓱해졌다.

식사 자리에서 주교님이 우리 신부님들을 아들 대하듯 하는 모습에서도 주책없이 울컥하고, 주교님은 식사 중에도 우리 신부님 말에 정성껏 귀 기울여 주시고 때로는 장난스런 모습으로 다가가는 친구 같은 아버지 같았다. 우리 신부님들이 사랑받고 신뢰받고 있다는 느낌에 또 자랑스러워진다.

성모님과 함께했던 나의 방

방을 나설 때마다 '다녀오겠습니다.' 인사하고
돌아와서는 '잘 다녀왔습니다.' 보고하고
내 마음을 따뜻한 눈길로 다 받아주시던
알래스카에서 피정 센터, 우리 숙소, 내 방은
가장 기억에 남는 방이었다.
풀숲에 가려져서 내 방에서만 살짝 보이는
예수님 안고 계시는 성모님 상 덕분에
성모님 품에 안겨 있는 나를 생각하며
내가 꼭 안고 있는 나의 아들들을 생각하며
여기에 머무르는 동안 계속 기도하고 묵상했던
잊을 수 없는 나의 방이었다.
아무도 몰래 성모님과 단둘이서
하루가 가장 늦게 시작되는 곳.
오늘 밤도 백야 현상으로 환한 밤이다.
커튼을 쳐야지!

11장
파푸아뉴기니

2023.07.

그리운 파푸아뉴기니로

 이 구석 저 구석 빈틈도 없이 꼼꼼히 차곡차곡 넣어두었던 짐은 여지없이 공항 바닥으로 창피한 줄 모르고 쏟아져 나왔다. 많은 시간을 들인 정성이 소용없게 무게에 따라 왔다리갔다리 하다가 누구 가방으로든 빈구석으로 구겨 넣어졌다. 우리의 목표는 오직 하나, 어떻게 해서든 이 짐을 다 가져가야 한다. 7년 만에 파푸아뉴기니에 간다는 설렘은 정신없이 짐 속으로 사라지고 내 정신도 그때 놓쳤다는 걸 나중에야 알게 된다.

 싱가포르, 홍콩, 일본을 경유했었는데, 처음으로 필리핀 마닐라를 경유하게 되었다. 언제나 그랬듯이 파푸아뉴기니로 가는 항공편이 자주 있는 것이 아니어서 공항에서 12시간을 기다려야 했다. 하지만 이건 시작에 불과했다.

비행기를 타고 가서 하루 자고 다음으로 이동하려면 또 하루를 자야 하는 여정이었다. 항공편이 귀하다 보니 어쩔 수 없이 기다리는 건 우리 일정에 많은 부분을 차지했다.

2015년 오세아니아 지역 올림픽과 2018년 아시아, 태평양 경제 협력체(APEC) 개최 이후 많이 좋아졌다는 신부님들 말씀에 포트모르즈비 공항에 대한 기대감은 나도 모르게 커져 있었나 보다. 19년 전, 우리나라 시골 기차역만 한 공간에 몇 개 안 되는 꼬질꼬질한 시트 의자와 거기에 걸맞은 꼬질한 냄새까지, 수도의 국제공항인데도 맨발이었던 사람들과 부아이(Buai)*)를 씹다 버려서 새빨갛게 물든 길바닥 등… 충격적이었던 기억은 깨끗이 지워버릴 거다. 포트모르즈비에 처음 오신 우리 일행분들의 실망은 아랑곳없이 제법 국제공항다워져서 자랑스럽기까지 했다.

멘디로 가기 위해 포트모르즈비에서 하룻밤을 자고 가야 한다. 이번에도 까리따스 수녀님들의 신세를 져야 했는데, 반갑게 우리를 맞아주시는 수녀님 중에는 19년 전에 뵈었던 몇 분이 생생한 기억으로 여전히 거기에 계셨다. 여전히 행복한 모습으로 방방 뛰시는 수녀님들!

―――――――――

*) 빈랑나무 열매

드디어 미지의 땅 멘디에 가다

패키지 여행마냥 깜깜한 새벽에 길을 나선다. 불과 얼마 전까지만 해도 교통편이 경비행기뿐인 데다 너무 위험한 지역이라 신부님들이 데려가지 않던 곳. 멘디!

멘디를 가기 위한 첫 관문은 파푸아뉴기니에서 세 번째로 큰 도시 하겐(Hagen) 공항이다. 착륙 전 밖을 보다가 깜짝 놀랐다. 어찌나 낮게 비행하던지 마치 나뭇잎을 스치며 나는 것 같던 비행기는 마침내 숲속에 내려앉는 것 같았다. '마운틴 하겐 공항'이라는 명칭은 이렇게 예사롭지 않았다.

7월 8일 새벽에 집을 나섰는데 7월 10일 오전에야 드디어 우리 신부님들을 만났다. 김희근, 김윤일, 김경주, 유준호 신부님과 윤정섭 학사님. 분명 웃고만 계셨는데 이 젊은 우리 신부님들이 그저 자랑스럽고 기특했다.

김윤일 신부님 본당 에라베(Erave) 가는 길. 우리 일행은 신부님 픽업트럭 3대와 현지인 운전자를 포함 15명 정도가 촘촘히 탈 수 있는 작은 버스 1대, 멘디 여정에 우리를 에스코트해 주는 경찰차 1대, 총 5대이다. 맨 앞에 신부님 차, 경찰차, 우리가 탄 버스, 그리고 맨 뒤에 신부님 차 2대가 줄지어 출발했다. 앞차에서 보내는 뽀얀 먼지를 뒤집어쓰며 뒤차로 그 뽀얀 먼지를 보내고 그 차는 또 뒤차로 흙먼지를 날리며 달리는(?) 비상등을 켠 경찰차까지 우리의 차량 행렬은 비장하다 못해 엄숙해 보였으며 19년 전 느꼈던 뜨거움이 훅 올라왔다.

에라베까지는 6시간을 가야 한다. 김윤일 신부님은 먼저 우리에게 마음의 준비를 시키셨다. 가는 길이 반은 포장도로이고 나머지 반은 땅을 고르는 중이라고… 포장도로 세 시간이 지나자 곧 나타난 웅덩이 패인 길에서 차가 머뭇거렸다. 드디어 자동차를 밀어야 할 마음의 준비를 하고 차에서 내리라는 명령(?)을 기다렸는데, 차는 깊은 호흡을 하듯이 크게 울렁이더니 다시 움직였다. 이런 과정은 수없이 반복되었지만 현지인 베테랑 운전자는 그 어려운 걸 매번 해내고 말았다.

에라베 가는 길 내내 걱정하셨던 신부님은 크게 안도하며 매끄러운(?) 길을 매우 자랑스러워하셨다. 그 길도 쉬운 길은 아니었지만 나중에야 신부님의 자부심을 절절히 느낄 수 있었다. 이 길이 자랑스러워하실 만큼 매우 훌륭한 길이었다는 것을.

하겐 공항에서 6시간 만에 도착한 우리를 멀리까지 마중 나와 있던 교우들이 성대히 맞아주었다. 전통 복장을 한 교우들이 노래를 부르며 우리를 안내하고, 우리 뒤에는 많은 교우들이 음악에 맞춰 발을 구르며 우리 일행을 에워싸듯이 따라온다. 이분들의 눈을 다시 볼 수 있다니!! 오랜만에 다시 뜨거워지는, 우리 모두 하느님 자녀로서 하나임을 또 일깨우는 감동에 내 눈시울은 빨개졌다.

선교지 방문이 처음인 분들의 흥분된 모습에 빨개진 눈시울은 금방 사라지고 저절로 웃음이 나왔다. 넓은 풀밭이 나타나고 우리 일행과 교우들이 함께 웃고 박수 치는 모습에 이곳이 진정 천국 같았다.

세상에! 신부님이 닭백숙을 준비하셨다. 멘디에서의 닭은 우리가 시장 가면 손쉽게 언제든지 살 수 있는 그런 닭이 아니다. 얼마나 애써서 구하셨을까!

이번 선교지 방문 때 어디를 가던 신부님들이 그 어려운 가운데 오랫동안 세심하게 준비하신 게 마음으로 눈으로 다 보였다.

맛있었던 저녁 뒤에는 캄캄하고 차가운 숙소가 기다리고 있었다. 사제관에서 우리 숙소까지는 손전등에 의지해서 숲의 밤이슬로 축축해진 풀 길을 걸어가야 한다. 짧은 거리가 멀게 느껴지는 캄캄한 숙소에는 당연히 전기가 들어오지 않는다.

커다란 방 안쪽에는 자매님들, 입구 쪽에는 형제님들이 자연스레 자리를 잡았고 중간에 반쯤 벽이 있을 뿐 공간 구분은 없었다. 사제관에서 세수와 양치질만 해결하고 일회용 물수건으로 먼지와 땀을 닦았다. 한국에서부터 열심히 챙겨 온 빈대 약은 구석구석에 뿌려지고 모기향도 목이 매캐하도록 많이 피웠다. 각자 준비해 온 침낭을 펴고 누웠지만 차가운 장판 바닥에서 올라오는 냉기와 습기로 금방 잠들지 못했다. 센스쟁이 아델리나가 준비해 온 손전등을 천장 가까이에 매달아 놓아 희미한 불빛이 그나마 우리의 눈이 되어 주었는데, 갑자기 벌레가 있다는 안젤라 자매의 외침에 모두 벌떡 일어나 한참 동안 벌레를 찾았지만 어떻게 우리가 잡을 수 있겠는가!

한바탕 소동이 끝나고 패딩 점퍼까지 입고 잔 나는 잘 잘 수 있었는데 몇 분은 감기에 걸려 일정 내내 고생을 하셨다.

문제는 아침이었다. 새벽에 화장실에 가고 싶어 깼는데… 신부님이 우리를 위해 애써서 힘들게 준비하신 야외 임시 화장실이 있었지만 먼저 잠이 깬 사람들이 가지를 못하고 있었다. 우리는 단체로 손잡고(?) 화장실을 가야 했다.

일정 내내 아침마다 신부님들과 성무일도를 바치는 시간은 귀하고 귀한 경험이었다.

숙소에서 성당으로 가는 길에서, 아침 일찍부터 나와 있는 교우들과 꼬마들에게 우리는 기꺼이 동물원 원숭이가 되어 주었다. 우리에게 다가와 손을 내밀고 서로 안아주면서 느끼는 이 감정은 뭐지? 우리 신부님들이 행복해 보이는 건 이런 마음일까?

멘디에서의 환영

영원한 사제

에라베에서 교구청까지 5시간을 갔다. 이제 다섯 시간은 거뜬히(?) 견딜 수 있다. 주교님은 우리를 반갑게 맞아 주시며 주교관 안까지 우리를 초대하셨다. 우리의 궁금증에 친절하게 대답해 주시는 주교님의 차분하고 인자한 모습에서 먼 훗날 우리 신부님들의 모습이 보인다. 직접 준비하신 선물까지 받으니 주교님을 뵌 기쁨이 배가 되었다.

교구청 내 작은 선교사 묘역에서 김희근 신부님은 2022년 7월 48세 나이로 선종하신 동갑내기 외국인 동료 선교 사제의 묘를 소개하면서 눈시울이 붉어졌다. 묘비 아래에 'YOU ARE A PRIEST FOREVER.'(당신은 영원한 사제입니다.)라고 쓰여있었다.

늘 유쾌하고 재미있던 신부님의 마음 한구석의 눈물 같아서 왠지 자꾸 생각이 난다. 지금, 이 순간도 신부님들을 위해 기도한다.

세실리아 부회장님 진두지휘 아래 저녁 준비를 한다. 신부님이 준비해 놓으신 닭으로 닭도리탕을 하고 한국에서부터 무사히(?) 가져온 풋고추는 된장에 무쳐지고, 현지에서 구입한 이름 모를 야채는 살짝 데쳐서 된장무침하고, 카푸친 소속 한국인 신부님이 농사지어서 얻어 온 무는 생채가 되었다. 그리고 직접 담아오신 오이소박이까지… 파푸아뉴기니에서 한식으로 진수성찬이라니!!

모든 것이 감사와 기쁨의 연속이었다.

폼베렐의 웃음과 슬픔

폼베렐(Pomberel)까지의 여정은 시간상으로는 2시간이었지만 길은 험악한 산악지대였다.

이동할 때마다 우리를 지켜주는 경찰차는 투박하고 덩치 큰 검은 지프차에 'POLICE'라고 확실하게 쓰여있고 검정 경찰 복장에 커다란 총으로 중무장한 무서운(?) 경찰관 다섯 명이 타고 있었다. 그냥 보기에는 무시무시했지만 늘 우리 행렬의 두 번째나 세 번째에서 함께했고 잠시 멈출 때도 있는 듯이 없는 듯이 우리 주위에 있어 주었다. 멘디 산악 지역에 워낙 강도들이 많아서 신부님들도 늘 긴장하면서 다니신다는데 사실 일상이라고 하셨다. 당하기도 하고 달래보기도 하면서 다니신다니, 만약을 위해서 경찰들이 우리를 보호하고 다닐 수 있도록 준비하신 것이다.

신부님들의 걱정은 아랑곳없이 우리는 '파푸아뉴기니에서 경찰차 에스코트를 받다니!' 그저 감사했고 두려움은 없었다.

본당 교우가 2,000명에 공소가 11개인 폼베렐에서의 환영식은 깊은 골짜기를 들썩거리기에 충분했다. 이 골짜기에 이렇게 많은 사람들이 살다니! 어느 본당에 가든지 교우들은 모든 정성과 그분들이 가지고 있는 모든 것을 동원해서 우리를 맞아 주신다.
여기서도 꽃목걸이와 뿌려주는 꽃잎에 센스없이 입은 흰 옷은 여지없이 꽃물이 들었지만 그래도 웃음이 나왔다. 그리고 파푸아뉴기니에서 처음 보는 레지오 마리애 깃발이 보였다. 2018년 처음으로 레지오 마리애 쁘레시디움을 만들고 2021년에는 첫 신학생도 나왔다고 한다. 신부님들의 애씀이 눈에 보이는듯하여 박수를 보낸다.

옛 기억을 되살리며 귀하게 준비하신 '무무'(Mumu)와 완전 달콤한 파인애플에 신선한 오이까지 맛있는 점심 후에 공소 두 곳을 방문했다. 사방이 산으로 둘러싸인 분지 같은 곳에 위치한 공소에 도착하자 교우들과 아이들이 달려 나온다.

사방으로 마주 보이는 산 중턱은 화전민들이 정성스레 가꾸어 놓은 밭에 각각의 농작물이 줄지어 가지런히 심겨 있는데 이렇게 아름다울 일인가! 부지런함이 보이는 뭔지 모를 간절함에 또 아픈 마음에 눈물이 나려고 한다. 너무나 아름다운데 아픈…

공소 아이들의 옷차림새는 눈에 띄게 형편없었다. 너무 낡아서 본래의 색은 잃어버린 채 구멍이 여기저기 숭숭 나 있었다. 그럼에도 불구하고 어느 것 하나 예쁘지 아니한 게 없다. 모든 것은 고귀하다.

세상 모든 곳에서, 존재하는 모든 것 안에서 성령은 살아 움직이신다. … 어떤 모습으로 살든, 모든 삶이 눈물겹도록 아름답다.
– 박병규(2017) 《말씀 흔적》 성서와함께 98쪽 –

다른 공소 한 곳은 2018년 지진 때 건물 전체가 기울어진 것을 굵은 나무 몇 개로 지지대를 세워놓은 상태였다. 기울어진 각도도 심상치 않아서 사실 언제 무너질지 모를 정도로 위험해 보였다. 나무막대 사탕을 아이들에게 나누어주는 마음이 마냥 기쁘지만은 않았다.

오늘 저녁은 헨리코 신부님과 베로니카 자매님의 축일 잔치다. 세실리아 부회장님이 가져온 묵은지로 돼지고기를 넣어 끓인 김치찌개에 다른 것은 필요하지 않았다. 한국에서부터 준비해 온 초코파이에 꽃과 초를 장식한 케이크는 더이상 이쁠 수 없는 최고의 것이었다. 동료를 위해 신부님들이 준비하신 케이크까지 모든 것이 완벽했다. 헨리코 신부님 노래 부르는 모습이 너무 행복해 보이셨는데… 박수를 더 힘껏 쳐 드릴 걸…

우리 숙소는 상구마(일종의 마녀사냥) 피해자들의 쉼터인 '희망의 집'이었다. 오랜 기간 선교사들의 노력에도 불구하고 뿌리 깊은 미신 '상구마'를 믿는 사람들이 많아서 피해자들이 있어도 숨을 곳조차 없어서 안전하게 피신할 수 있는 숙소를 지으셨다고 한다. 덕분에 우리는 깨끗하고 잘 정돈된 잠자리에서 잘 수 있었다.

나는 광야에 길을 내고 사막에 강을 내리라.(이사 43,19)

파푸아뉴기니의
'동막골' 쿠투부 가는 길

　김경주 신부님 생일 아침. 맛있게 먹은 미역국은 사실 큰 냄비가 없어서 빨래 삶는 양동이에 끓인 것이었지만 개의치 않고 최고의 맛이었다.

　오늘 우리의 이동 수단은 지금까지 우리가 타고 다니던 작은 버스가 아니고 파푸아뉴기니에서 볼 수 있는 지붕만 덜렁 비닐로 덮여있는 트럭이었다. 트럭 가장자리는 웬만한 덜컹거림에도 끄떡없을 기둥과, 난간을 붙잡고 앉을 수 있는 (의자라는 표현을 절대 쓰고 싶지 않은) 나무판자가 있었고, 신부님은 친절하게 트럭 바닥에 매트를 깔아주셨지만, 그 자태와 분위기에 우리는 처음부터 전사였다. 비장함으로 눈은 빛났고 양손과 어깨에 짐을 지고 허리 보호대와 목 보호대로 중무장한 채 트럭으로 걸어갈 때 우리의 전투력은 뭐든지 다 할 수 있다는 자신감으로 가득했다. 그때까지는 앞으로 일어날 일에 대해 잘 몰랐었으니까…

처음부터 트럭 바닥에 누워서 두 손을 가슴에 얹고 온몸의 신경을 긴장감으로 두르고 도전을 포기한 조. 기둥을 부여잡고 앉거나 일어서기를 반복하며 기둥 부여잡은 손에 물집이 생기도록 인내하고 인내한 조. 시종일관 꼿꼿이 앉아서 튀어 오를 듯한 덜컹거림과 하얀 먼지를 그대로 받아들이며 참선으로 도를 닦는 조. 허리가 아픈 나는 처음부터 누워 가는 조였다. 20km를 절대 넘을 수 없는 속도인데 시속 200km 넘는 것 같은 긴장감과 속도감(?)이라니!!

트럭에 누워서 허리에 힘을 주고 덜컹거림이 온몸으로 분산되는 것을 뼈 마디마디마다 느끼며, 언뜻언뜻 보이는 파란 하늘과 트럭 난간과 지붕을 스치는 나뭇잎을 보며 드는 생각은, 지저분하고 불편함을 못 견뎌 하는 내가 이럴 줄 다 알았으면서 '여기에 왜 또 왔을까?'였다.

선교지 출발 전에, 지향하고픈 신앙이 흔들리고 무너지는, 힘들었던 마음들이 있었는데 '그러므로 네가 어디에서 추락했는지 생각해 내어 회개하고, 처음에 하던 일들을 다시 하여라.'(묵시 2,5) 이 말씀이 생각났다. 눈물은 왜 나는 거지?

조금만 더 가면 된다는 신부님의 그짓말은 6시간을 훌쩍 넘겼고, (김희근 신부님은 강조하셨다. 신부라서 그짓말은 해도 절대 거짓말은 하지 않는다고) 최악의 도로 상태에 모두가 지쳐갈 때, 차가 멈추고 신부님은 눈을 감으라고 명령(?)하셨다. 그리고 한 사람씩 손을 잡고 천천히 우리를 안내하셨다. 신부님의 눈 뜨라는 소리와 함께 우리 앞에는 멘디의 자부심, 김희근 신부님의 자부심, 쿠투부(Kutubu) 호수가 천상의 모습을 하고 있었다. 와-우! 어떻게 표현할까?

지금까지 본 적 없는 푸른 하늘에 파란 호수. 푸르른 숲에 신부님이 주신 단체복 하늘색 티셔츠까지 이 조화로움은 우리가 계획하지 않은 자연 그 자체였다. 쿠투부 호수의 경치에 지금까지 힘들고 불편했던, 그리고 신부님의 그짓말도 모두 용서되었다.

먼지의 두께는 우리의 모든 것을 덮어버려서 본래의 색을 잃어버렸다. 비스킷과 콜라로 점심을 먹고 드디어 100km 남짓한 거리를 7시간 가까이 달려 쿠투부에 도착했다. 사실 쿠투부 가는 7시간의 여정을 이렇게 간단히 쓰는 건 반칙이나 다름없다. 선교지에 처음 온 형제님 한 분은 농담끼 하나 없이 진지한 말투로 말했다. 남자들은 군대 다녀와서 20년 동안 군대 가는 꿈을 꾸는데 지금부터는 군대 가는 꿈 대신 파푸아뉴기니 가는 꿈을 꿀 것 같다고…

사실 쿠투부로 떠나기 전부터 김희근 신부님은 우리를 세뇌시키셨었다. 오시는 길은 최악이지만 최고의 서비스를 보장하시겠다며… 너무 멀고 험한 길이어서 많이 걱정을 하셨던 것인데, 우리는 완전 세뇌되어서인지 힘든 것 금방 잊어버리고 우리를 맞아주는 교우들에게 눈과 마음이 쏠렸다.

신부님 표현에 의하면 한국의 '동막골' 같은 곳이라고 하셨는데, 처음 보는 전통 복장에 더 순박한 눈동자가 우리를 쫓아다닌다. 파피루스 같은 두꺼운 종이(?)로 만든 우리나라 '키' 같은 것을 머리에 쓰고 뒤뚱거리며 걷는 아이들의 모습은 움직이는 인형 같았다. 너무 이쁜 사람들!! 이것이 하느님이 만들어 주신 우리의 처음 모습이었으려나? 이런 곳에서도 우리 신부님들이 살고 계신다. 선교사의 삶은 늘 용기를 가지고 도전하는 것이라고, 자신의 능력과 경험을 믿어서가 아니라 주님께서 함께해주실 것이라는 믿음이 있기 때문이라고 하시지만 지극히 인간적인 내 애잔함은 또 울컥한다.

신부님의 최고의 서비스는 저녁 메뉴에서부터 시작이었다. 몇 달 전부터 교우들이 잡아 온 민물 가재를 사서 모아 냉동실에 얼려 놓으셨단다.

일반 민물 가재보다 크기도 컸고 삶아놓으니 맛있게 빛나는 색깔과 맛까지 완벽했다. 파푸아뉴기니 멘디에서 이걸 먹을 수 있다니!!

언제나 그랬듯이, 이번에도 우리들의 불편함을 덜어주고자 치열하게 논의하고 그 열악한 길을 몇 시간씩 가서 준비하신 것이다. 천 조각 하나도 구하기 쉽지 않은 물자 귀한 이곳에서. 태양열판을 사다가 직접 설치해서 전기를 만들어 쓰고 빗물을 모아두었다가 식수와 생활수로 사용하시는데, 딱딱한 바닥과 쫄쫄 나오는 물을 쓸 때마다 안달하던 나의 불편함이 얼마나 큰 사치인가! 신부님들의 정성과 수고하심을 배신(?)한 것 같은 미안함이 있었다.

레이크 쿠투부 교우들

쿠투부의 하루

　이 아름다운 곳에서 우리 신부님들과 이곳 교우들과 함께 미사를 드리다니! 이천년을 고뇌해도 하느님의 뜻은 여전히 어렴풋한 채로 남아 있는데 나는 오늘 그 안개 속에서 무엇을 건져 올릴 수 있을까?

　성무일도를 마치고 교우들과 함께하는 미사에서 유준호 신부님의 떨리고 울먹이는 목소리만으로도 울음바다가 되었다. 우리는 서로에게 휴지를 건네주며 눈물을 주체할 수 없을 정도로 흘렸다. 신부님은 분명 행복해 보이셨는데…
　멘디에 계시는 신부님들은 서용범 신부님을 정신적 지주라 칭하며 사이좋은 형제같이 지내고 있었으며 웃음이 끊이지 않고 작은 것 하나에도 열심이었다. 신부님이 행복해야 신자들이 행복한 건 너무 당연한 거다. 그런 신부님들을 보는 우리도 덩달아 행복했다.

우리 숙소에서 쿠투부 호수로 가는 오솔길은 너무나 아름다웠다. 다듬어지지 않은 진흙 길 풀숲을 걸으며 호수를 만나러 가는 설렘은 지금도 생생하다. 언덕 위에서 내려다보이는 호숫가에 각기 다른 크기의 카누들이 제각각 나란히 있는데, 유은호 형제님은 검정 고무신 신으신 아버님을 떠올리며 50년 전 개구쟁이 어린아이로 되돌아가고, 호기심 많은 동네 꼬마 몇 명이 우리 주위를 맴돌더니 결국 호수와 함께 우리의 모델이 되어 주었다.

보트를 타고 호수를 한 바퀴 돌았는데 파푸아뉴기니 멘디의 바람과 구름과 물보라에 반짝반짝 윤슬까지 이 아름다운 조화를 어떻게 말로 표현할 수 있을까?

우리가 호수를 둘러보고 오는 동안 김윤일 신부님은 이쁜 꼬마김밥을 가득 만들어 놓으셨다. 장조림 캔의 국물로 밥을 밑간하고 단무지, 우엉조림, 장조림, 고추장 멸치볶음, 고추장 북어채, 오이지무침, 다진 청양고추까지 모든 밑반찬으로 만든 꼬마김밥은 신부님의 정성으로 이쁘게 만들어졌고 골라 먹는 재미까지, 안젤라 자매님이 가져온 티백으로 만든 어묵 국물은 화룡점정이었다.

레이크 쿠투부

사랑을 잊지 않으십니다

다시 포트모르즈비로 가기 위해서는 '모로'(Moro) 공항으로 가야 한다. 늘 그랬다. 신부님이 예약해 놓았던 버스가 오지 못한다고 아침에 연락을 받았다. 여기서는 모든 것이 예측할 수 없기에 급히 무엇을 준비한다는 것은 우리가 상상하지 못할 정도로 긴박하고 긴장되는 일이다.

물론 일방적인 긴박과 긴장이다. 비행기가 정시에 출발한다는 보장은 없지만 우리 정서상 시간에 맞춰 공항에 가야 하는데 신부님은 얼마나 애가 탔을까? 신부님은 급히 보트를 준비하셨고 우리는 쿠투부 호수를 통과해서 가야 한다.

너무 미안해하셨지만, 사실 덜컹거리는 버스보다 아름다운 쿠투부 호수를 한 번 더 볼 수 있고 보트도 한 번 더 탈 수 있다는 기대감으로 신부님의 걱정은 그만 뒷전이 되어버렸다.

아름다운 쿠투부 호수의 아침을 보면서 '모로' 공항 가까운 뭍으로 가기 위해 속도를 늦춘 보트는 점점 폭이 좁아지는 정글로 우리를 데려갔다. 양쪽의 물에 잠긴 웅장한 나무들과 풀숲은 신비로움 그 자체였고 맹그로브 숲에 온 것 같은 행복한 착각 속에, 부지런히 고기잡이 가는 카누를 탄 원주민들과 아침 인사를 하고, 쿠투부 호수가 마지막으로 주는 선물에 우리는 모두 감탄하고 감사했다.

40여 분 만에 도착한 뭍에서 우리를 기다리는 버스에, 조금 전 신비한 아름다운 꿈에서 채 벗어나지도 않았는데, 우리 모두는 경악했다. 버스는 꼴이 말이 아니었다. (여기서는 반드시 이 표현이 맞다고 생각한다.) 감히 상상이 안 되는 이 광경을 어찌하나!

의자 형체의 모양은 있으나 갈기갈기 찢긴 스펀지 등받이와 앉는 좌석에는 찢어진 종이박스가 올려져 있고, 그 옆에는 더럽다는 표현도 부족한 얼룩덜룩 담요가 가지런히(?) 덮여있었다. 천장은 그을린 것인지 새까맣고 찢긴 사이사이로 뭔가 쏟아질 것 같은 긴장감까지, 뚫려있는 바닥으로 발이 빠질까 걱정되기 이전에 (달릴 수 있는지 심히 의심되는) 차가 달리면 땅바닥에 있던 돌들이 튕겨서 안으로 들어올 것 같았다. 이 기막힌 버스를 10여 분 남짓 타고 오는데 문이 닫히는 것도 기적이고 차가 굴러가는 건 더 기적이었다.

'모로' 공항은 예상했던 것보다 완전 좋았다. 공항이라 경계선이 될 수 있는 철조망 너머로 활주로도 보이고 사무실 같은 공간도 보였다. 다만 화장실이 쫌 ~

컨테이너로 만든 간이 화장실은 불빛이라고는 없어서 더러운지 깨끗한지 구분도 안 된다. 다음 사람이 발로 문을 붙들어서 빛이 들어가게 도와줘야 했다.

우리가 탈 비행기는 '하겐'에서 출발해서 '모로' 공항에 들렀다가 '포트모르즈비'로 가는 비행기였다. 탑승 시간이 지났는데도 비행기가 오지 않는다. 시간이 훨씬 지나서 멀리 비행기가 보이기 시작하자 우리는 철조망에 다닥다닥 붙어서 우리가 타야 할 비행기를 맞이했다. 내가 탈 비행기가 착륙하는 것을 보고 바로 그 비행기를 타는 경험은 처음이었다. 72인승 비행기에는 이미 '하겐'에서 타고 온 승객들이 있었고 '모로' 정류장(?)에서는 우리 일행이 승객의 전부였다.

늘 그랬듯이 선교지에서 신부님들과의 이별은 애틋하다. 비행기에 타자마자 신부님들 얼굴이 한 분씩 떠올랐다. 아직도 철조망을 부여잡고 우리를 쳐다보고 계시는 신부님들 모습에 울컥하려는 마음을 진정시켜야 했다.

몇 개월 전부터 세심하게 열심히 준비하신 신부님들. 오시는 길은 최악이지만 최상의 대접을 하고 싶으셨던 신부님들. 차고 넘치는 정성에 감사드립니다.

하느님은 … 여러분이 … 당신의 이름을 위하여 보여준 행위와 사랑을 잊지 않으십니다.(히브 6,10)

천천히 가도 좋아
멈추지만 않는다면

오늘은 '마당' 가는 날. 새벽 5시에 일어나서 6시에 '포트모르즈비' 공항으로 출발. 어김없이 태양은 예열을 하며 뜨거워질 준비를 마치고 환하게 아침을 선물하고, 맑은 하늘은 비행기 뜨기 딱 좋은 날씨였고 모든 것은 순조롭고 평화로웠다.

여느 때와 달리 공항은 사람들로 북적거렸다. 김지환 신부님은 우리를 한적한 곳에 모아놓고, 적진 한복판에 수류탄을 들고 뛰어드는 전사처럼 많은 사람들 속으로 사라졌다. 우리가 편하게 수속할 수 있도록… 한참 만에 나타난 신부님, 우리 비행기가 취소되었다고 한다. 아무런 통보나 예고도 없이 공항에서 취소되었다는 것을 알려준 것이다.

이런 일은 늘상 있는 일이어서 신부님들은 그러려니 하셨지만, '마당'에서 준비하고 기다리고 있는 신부님들과 우리 일정 때문에 어떻게든 방법을 찾으려고 신부님은 땀을 뻘뻘 흘리며 공항 안을 뛰어다녔다.

의자에 앉아서 커피를 사 먹을 수 있는 공간이 있는 것만으로도 우리는 충분히 만족하며 아무런 동요나 걱정 없이 신부님을 기다렸다. 김지환 신부님은 커피 한 모금 마실 여유나 정신도 없이 뛰어다니시고 커피는 차게 식었고 점심도 거른 채 뛰어다니신 보람도 없이 우리는 포트모르즈비에서 하루 자야만 했다.

오늘 '마당'으로 출발할 수 없다는 것이 최종 확정되자 총장 신부님과 우리 일행은 늦은 점심이라도 먹으려고 먼저 공항에서 철수하고, 김지환 신부님, 이상수 회장님, 유은호 형제님 세 분은 비행기를 예약하고 호텔 투숙권을 받기 위해 공항에 남았는데… 그 과정을 옆에서 지켜본 두 형제님은 엄청난 인내와 조바심이 필요했다며 신부님 속이 새까맣게 탔을까 봐 걱정하셨다. 이렇게 내일 아침 9시 30분 비행기를 예약하고 신부님의 인내와 끈기 덕분에 항공사에서 제공하는 호텔에 묵게 되었다.

이 와중에 쿠투부에서 온 소식은 충격적이었다. 우리가 출발한 후에 멘디에 계시는 신부님들 모두 교구청 행사에 참석할 예정이었는데, 부족 간에 살인사건이 나서 두 부족이 길목을 다 차단하고 대치하는 상황이라 신부님들이 사제관에 꼼짝없이 붙들려 있다고 한다. 우리 일정이 하루만 늦었어도 모든 것이 어긋날 뻔하기도 하고 위험할 수도 있는 것이었기에 신부님들은 다행이라고 가슴을 쓸어내렸다.

우리는 기다리는 내내 신부님들의 안전을 위해 기도하고 기도했다.

생각해 본 적도 없는 파푸아뉴기니 수도 포트모르즈비에 있는 호텔에서 잠을 자다니!! 남태평양이 내려다보이는 호텔에서 하루 종일 긴장하고 조바심하던 마음 다 내려놓고 따뜻한 물로 샤워하고 고된 여정에 쉼을 가진다고 생각하니 선물이라 생각하고 내일을 다시 기대한다.

너는 내 은총을 넉넉히 받았다.
나의 힘은 약한 데에서 완전히 드러난다. (2코린 12,9)

오늘은 '마당'을 갈 수 있으려나

오늘은 갈 수 있으려나. 살짝 긴장된 마음으로 출발했다. 아니나 다를까 예약되어 있던 9시 30분 비행기는 가볍게 보내고 다음 비행기를 타야 한단다. 그럴 수 있지, 여유로운 마음으로 기다렸는데 그 비행기도 떠나버렸다. 오후 1시 5분으로 다시 미루어지고 드디어 탑승했는데…

여기 사시는 신부님들이 늘 말씀하셨다. 비행기는 타봐야 아는 거고, 타서도 목적지에 발을 땅에 내디딜 때까지 어찌 될지 모르는 일이라고, 도착했다가 내리지 못한 경우도 있었다고… '마당'에 발이 닿을 때까지 아무것도 믿을 수가 없었다.

드디어 27시간 만에 마당에 도착했다. 1시간이면 올 수 있는 거리를 27시간을 걸려서 온 것이다.

그리운 '마당',
7년 만의 재회

    7년 만에 네 번째 만나는 '마당'의 향기는 그대로였다. 여전히 우리나라 시골 버스 정류장을 연상시키고 활주로도 굳이 찾아야 보이고 내 짐을 싣고 올 달구지를 기다렸는데… 내 눈을 사로잡은 건, 우리의 수하물이 달구지가 아닌 네 바퀴가 달린 전동차 판자 위에 실려 오더니 기다란 널빤지 위에 올려졌고, 각자 자신의 가방을 찾아 내리는 최첨단 시스템(?)이었다. 와-우!

    공항을 나서는데 직원 한 분이 우리의 수하물 태그 번호를 하나하나 확인하고 나서야 통과되었다. 다른 사람 짐을 가져가는 것을 방지하기 위해서란다. 이렇게 체계적이라니! 와-우!

    감탄의 연속이었다. 재미있으려고 하는 표현이 아니고 진심이다.

시꺼멓게 탄 얼굴이 훈장처럼 빛나는 장호창 신부님과 김선헌 신부님이 환하게 웃으며 맞아주신다. '마당' 대교구에서 활동하시는 다섯 신부님 중 김지한 신부님과 박영주 신부님은 안식년 중이셨고 나영호 신부님은 허리를 다쳐서 못 나오셨다.

'마당'에서 우리의 첫 숙소는 스타 호텔이라고 하신다. 우리, 그 이름도 빛나는 스타 호텔에서 자요~!! 잘 가꾸어진 마당에 에어컨이 있는 호텔 방은 천국이었다. 샤워도 하고 마당에 나왔는데 옆방 형님들은 아직 왔다 갔다 하고 있었다. 에어컨이 고장 나서 너무 더워 방에 있을 수가 없어서… 총장 신부님 방도 에어컨이 안 되어 방을 옮길 수 있는지 알아보려고 김선헌 신부님이 뛰어다녔다. 에어컨 안 나오는 방이 많아서 우왕좌왕하는데 우리네 방을 바꿔드려야 하나? 시원한 게 너무 미안해졌다.

그런데 우리가 호사스럽게 호텔에 머문 이유는 따로 있었다. 신부님들이 지나치는 말 같이 '안전하게 호텔에서 주무시는 게 좋다.'고 하시는데, 우리가 '마당'에서 이동할 때 타는 작은 버스는 앞 유리를 비롯해서 외관 전체가 촘촘한 철망으로 씌어 있었다. 차가 달릴 때 돌멩이가 튀어서 유리 깨지는 걸 방지한다는 이유였는데 아마도 안전상 이유가 더 큰 것 같았다. 모든 차량이 철망으로 덮여 있었고 마치 호송차량 같았다. 차 안에서 바깥 풍경은 오로지 철망 사이를 비집고서야 볼 수 있었다.

덥고 불편한 것투성이였지만 아름답고 행복하게만 기억하고 있는 '마당'이었는데… 치안이 너무 안 좋아졌나?

하느님 냄새가 풀풀 나는 곳으로 기억하고 있는 이곳에, 과정도 없이 갑자기 들이닥친 자본주의 물결이 거칠지만 순박했던 사람들 사이로 파고들었고, 아무것도 준비하지 못하고 해결할 능력이 안 되는 상태에서 걷잡을 수 없는 사회문제가 범죄로 이어지고 있다고 하신다. 내가 여기서 사는 것도 아닌데 왜 슬퍼지는 걸까?

가장 이쁜 상차림

　7년 전 내가 기억하는 왈륨(Walium) 본당은 파푸아뉴기니에서 보기 힘들게 잘 가꾸어진 잔디와 정성스럽게 가꾸어진 꽃밭이 있던 아름다운 성당이었다.

　한껏 들뜬 마음으로 출발했는데, 예상보다 길은 더 험난했고 속도감은커녕 더 깊어진 꿀렁거림에 멀미가 났다. 이번 방문 중에 허리 아프다는 핑계로 죄송하게도 항상 앞자리에 앉는 우대를 받았는데 뒷좌석에 앉은 분들의 고통은 내가 가늠할 수 없을 정도로 컸을 것이다.
　호송 차량(?) 타고 어딘지 모를 곳으로 끌려가는 것 같은 모습으로 보이지만, 철망 사이로 보이는 깨질듯한 파란 하늘과 초록 나무들은 덜컹거림으로 인한 고통을 잊을 만큼 파랗고 푸르렀다.

왈륨본당은 1989년 한국외방선교회의 협력사제이신 원주교구 김진형 신부님이 본당을 건축하시고 김대건 안드레아 신부님을 주보 성인으로 모셨지만, 이후 사목하실 신부님이 안 계셔서 20년이 넘도록 비어 있던 성당이었다. 2013년 김지환 신부님이 오셔서 8년 동안 사목하시고 지금은 김선헌 신부님이 주임으로 계신 특별한 역사를 가지고 있는 곳이다. 성당 입구에서 김대건 신부님이 우리를 맞아주시는 것 같아서 뭔지 모를 뜨거운 뭉클함이 있었다.

　교우들은 전임 신부님이신 김지환 신부님을 감출 수 없는 기쁜 몸짓과 웃음으로 맞아주었고, 교우들에게 둘러싸인 신부님은 감격을 자제하려 애쓰는 모습이었지만 눈빛은 어쩔 수 없는 그리움과 애잔함이 가득했다. 신부님을 만나려고 교우들이 한 분도 빠짐없이 나왔다고 한다.

　교우들이 준비한 점심식사는 감동 그 자체였다. 비록 꼬깃꼬깃 구겨져 있었지만, 테이블보가 깔려 있었고 뜨개질로 만든 꽃장식이 탁자 중간중간에 놓여있고 접시 옆에는 두루마리 휴지를 둘둘 감아 만든 냅킨 위에 포크가 있었다. 뿐만 아니라 준비해 놓은 음식은 쿠킹호일로 덮여있었다. 어머나-!!!

새까맣게 때가 낀 세숫대야 그릇도 없고 기어다니는 개미를 피해서 음식을 골라 먹어야 하는 수고가 없어도 되는 것이다. 우리가 감격하고 있는 사이, 당신이 가르쳐준 것을 잊지 않고 실천해 준 교우들이 기특해서 신부님 얼굴은 감동을 넘어 눈물이 고이는 듯했다.

김지환 신부님이 24년 동안 비어 있던 성당에 처음 왔을 때, 무엇부터 해야 할지 막막했던 신부님은 성당 앞을 가리고 있던 우거진 수풀과 나무들을 베어내고 잔디를 가꾸고 꽃을 심어 주위를 깨끗하고 아름답게 만들었다. 시간이 지나자 주민들은 시키지 않았는데도 쓰레기 더미를 청소하고 작은 것부터 조금씩 변화되었다고 한다. 늘 먹고 사는 것에 급급했던 그분들에게는 아마도 혁명이나 다름없는 변화였을 것이다.

눈이 너무 커서 늘 눈물이 고여있는 듯이 보이는 김선현 신부님은 총장 신부님과 전임 신부님을 위해 많은 것을 준비하셨다. 그 먼 길을 가서 장을 봐오신 신부님을 생각하니 마음이 짠해져서 무엇을 해주시든 어떻게 해주시든 우리는 무조건 OK였다.

죄와 용서,
이제는 제 눈이 당신을 뵈었습니다

나영호 신부님이 계시는 '무길'(Mugil)로 가는 길에 장호창 신부님이 사목하시는 렘피(Rempi) 본당에서 미사를 드렸다. 상기된 신부님의 목소리는 20여 년 전 앳된 선교사였던 예전 모습을 떠올리게 했다.

미사가 끝났을 때 머리가 희끗한 신자 한 분이 정두영 총장 신부님 앞으로 나오시는데 그 한 손에는 살아 있는 닭 한 마리가 거꾸로 들려 있었다. 알 수 없는 표정에 두 눈은 눈물로 가득 차서 쏟아질 듯했다. 가까이 다가오자 신부님은 천천히 다가가시더니 그분을 꼭 안아주셨다. 신부님 품 안에서 그분은 울음을 터뜨렸고 신부님의 두 손은 그분의 등을 토닥거려주셨다.

울음은 그칠 줄 모르고 영문 모르는 닭은 푸덕거리며 노인의 손아귀에서 벗어나려고 발버둥을 치고 있었다.

파푸아뉴기니 파견 초창기, 정두영 신부님이 울링간 본당에 계실 때, 사제관에 칼을 들고 침입한 강도들이 있었는데 노인은 그 강도 중의 한 명이었다고 한다. 신부님은 한 번도 그 사건을 언급하신 적이 없었는데 사실 그 당시 큰 사건이었다고 한다. 칼을 들고 협박하는 강도들에게 모든 것을 다 빼앗겼지만, 신부님 기억에는 어설픈 어린 강도들로 그 기억마저도 덤덤하게 받아들이시는 것 같았다.

신부님 방문 소식에 평생 죄책감에 시달렸다는 어린 강도는 노인이 되어 신부님 앞에 사죄하러 오신 것이고, 무릎을 꿇으려는 노인을 일으켜 세우며 신부님은 꼭 안아주셨던 것이다.

두 분 모두 흰머리가 되도록 흐른 세월만큼 깊었던 상처가 치유되기를 기도드리며 우리는 덩달아 울고 웃었다.

이제는 제 눈이 당신을 뵈었습니다. (욥 42,5)

'무길' 본당에서

이번 방문 내내 아쉬웠던 것은 처음부터 우리와 일정을 함께 하려던 나영호 신부님이 너무 열심히 준비하시다가 그만 허리를 다쳐서 거동이 힘들어 본당에서 우리를 눈이 빠지게 기다리고 계셨던 것이다.

성당 입구에서부터 교우들이 준비한 환영식이 시작되었는데, 신부님 모습은 보이지 않았다. 신부님 찾느라 두리번거리는 눈이 멀리 사제관 난간에 서 있는 신부님을 찾았는데…

구부정한 허리에 지팡이를 짚고 웃고 있는 신부님은 언제나 밝고 우리를 웃게 해주던 평소의 나영호 신부님이 아니었다. 환영식이 끝나고 가까이에서 뵌 신부님 모습에 왈칵 눈물이 쏟아졌다.

사제관이 없어서 옆 본당에서 지내다가 신부님이 직접 신축한 사제관은 결벽증일 정도로 깨끗한 신부님 열정대로 너무 깨끗하게 정리되어 있었고, 40년 경력 주부보다 더 살림의 지혜가 어느 구석에서든 빛이 났다. 어느 때보다 깨끗하고 편한 잠자리에 감사드렸다. 아픈 와중에도 의자에 앉아서 반찬을 준비하시고 맛있는 빵까지 구워놓았는데 그래도 신부님은 해주고 싶은 것을 다 해주지 못해 속상해하셨다.

　밤새 쏟아지는 빗소리에 자다 깨기를 반복하고, 아침 틈에 잠깐 스친 햇살에 젖은 꽃잎과 나뭇잎과 풀들이 제각각의 색들로 반짝반짝 빛을 내고 있었다.

　70년이 다 된 낡은 성당은 전쟁 중에 공사가 중단되었다가 1954년에 완공되었고, 깨끗이 정리되어 있었지만 쏟아지는 비에 괜찮을까 걱정이 되었다. 걱정 반 호기심 반으로 성당을 둘러보는데 십자가의 길 9처 아래에 미사 중에 쓰러져 돌아가신 '안톤 보글론'이란 신자를 기억하는 표지판에 눈길이 갔다. 미사 중에 돌아가신 분이 부럽기도 하고 그걸 기억해 주려는 교우들의 마음도 훌륭해 보였다.

무길 성당

오늘도 무사히!
주님은 하느님, 우리를 비추시네

　수평선 끝에 있는 배가 곧 하늘로 날아 오를듯한 한 마리 작은 새 같았다. 아마도 작은 새는 가고자 하는 곳을 향해 쉬지 않고 열심히 날갯짓할 것이다. 20년 전 보았던 그 사랑을 여전히 살고 계신 신부님들!! 앞으로도 계속 그 자리에서 그 사랑을 하실 신부님들!!

　남태평양 검은 바다를 옆에 끼고 빙 둘러앉아서 파푸아뉴기니에서의 마지막 밤이 감사함으로 더 많이 채워졌다. 내일도, 포트모르즈비에서도 무사히 비행기 탈 수 있기를 희망하며… 감사합니다. 주님!

　파푸아뉴기니와 우리 신부님들에게 축복을!!

신부님을 기억합니다.
김순겸 사도 요한 신부님

'순겸아. 네가 왜 여기에 누워있니?'
고별사를 하러 올라오신 황창연 신부님이 울먹거리며 하신 첫 마디에 여기저기 훌쩍거리던 사람들이 어깨를 들썩이며 울기 시작하자 명동성당 안은 울음바다가 되었다. 2015년 12월 추운 날 김순겸 신부님은 이렇게 우리에게 돌아오셨다.

한 달에 한 번 모잠비크 지부 회의가 있는 날. 신부님은 회의에 가시다가 사고로 돌아가셨다. 사고 원인을 정확히 확인할 수 있는 건 아무것도 없었다. 다행이라면 근처에 인가가 있어서 사고 현장이 빨리 발견되어 우리 신부님들이 마주네 병원에 도착했을 때 교우들이 이미 많이 와서 울고 있었다고 한다.

신부님 유해를 한국으로 모시기로 결정이 나자, 그때부터 한국으로 모시기까지는 수많은 절차와 서류 등 어마어마한 난관이 있었지만, 교구의 적극적인 도움, 이민국, 출입국, 세관, 모잠비크 주재 한국 대사관과 경유지 아디스아바바에서는 콘솔라따 소속 신부님까지 많은 분의 도움이 있었다고 한다. 당시 박광기 지부장 신부님은 이 과정에서 일이 진행되지 않고 앞이 캄캄할 때마다 기도하고 또 기도했다고 한다. '순겸 형 도와줘.' 하면서 간절히.

김순겸 신부님 유해가 도착하는 날. 신부님 모시고 온 박광기 신부님이 영안실로 들어오실 때, 완전히 넋이 나간 표정을 잊을 수가 없다. 한국까지 오시는 그 며칠 동안 얼마나 놀라고 애쓰셨을 그 모습.

모잠비크에서 시신이 부패하지 않도록 하는 과정에서 문제가 생기고 더운 곳에서 며칠씩이나 지체되다 보니 시신이 많이 상해서 수의(신부님들은 사제복을 입으신다.)를 입혀 드릴 수가 없어서 시신 위에 차례대로 올려드릴 수밖에 없었다는 말을 들었을 때 너무 마음이 아팠다.

대부분의 항공사는 시신을 화장해서 유골 상태로만 비행기에 태워주는데 신부님의 경우 오히려 아프리카여서 시신을 모실 수 있었다니 다행스럽고 감사한 일이다.

김순겸 신부님과 황창연 신부님은 어릴 때부터 둘이 같이 신부가 되자고 약속한 친구 사이다. 김순겸 신부님은 한국외방선교회 선교사제가 되었고 황창연 신부님은 수원교구 사제가 되었다.

김순겸 신부님이 파푸아뉴기니 '할로파' 성당에 계실 때는 황창연 신부님이 한 달 동안 할로파에서 함께 지내시기도 하고, 그 후에 김순겸 신부님이 후원국장으로 한국에 계실 때는 황창연 신부님이 주임신부로 계시던 능평성당에서 후원회 미사도 드릴 수 있도록 해주시고 바자회 때나 음악회 때도 늘 도와주려고 애쓰셨다. 황창연 신부님이 평창 생태마을에 계실 때는 후원회원들과 김순겸 신부님이 함께 피정도 다녀오곤 했었는데 그때마다 황창연 신부님은 친구에게 맛있는 것을 사주고 싶어서 안달이었다. 두 신부님의 모습에서 우정을 넘어서 서로의 삶에 대한 깊은 신뢰와 존경의 마음이 느껴졌었다. 이런 친구의 죽음 앞에서 황창연 신부님은 오열하셨다.

하느님께서는 우리 안에서 힘차게 활동하시면서 우리가 바라거나 생각하는 것보다 훨씬 더 풍성하게 베풀어 주실 수 있는 분이십니다.(에페 3,20 참조)

― 1995년, 김순겸 신부님 사제 서품 성구 ―

신부님을 기억합니다.
이후진 마티아 신부님

　털털하게 웃는 모습이 너무 친근해서 누구라도 말을 건네고 싶었던 신부님. 엘리베이터에서 '아주머니 3층 눌러 주세요.'라는 소리를 듣던 곱슬머리 신부님. 멋진 목소리에 통쾌한 유머로 늘 주위 사람들을 웃게 해주던 신부님. 'What a wonderful world'를 루이 암스트롱과 똑같이 부르던 신부님.

　병실에 들어섰을 때 내가 아는 이후진 신부님은 안 계셨다. 전혀 다른 사람이었다. (햇볕에 그을려서 까만 얼굴이 아닌) 새까만 얼굴에 복수가 가득 차서 병세가 심각해 보이는 환자일 뿐이었다. 신부님을 몇 번 확인하고도 도무지 믿어지지 않을 만큼 신부님 모습은 완전히 변해 있었다. 아- 신부님! 어떻게 이 지경이 되도록… 이제서야 병원에 오시다니.

치료를 받으시던 신부님은 얼마 남지 않았다는 것을 아셨던 것일까? 모두의 만류에도 기필코 필리핀으로 가시더니 며칠 지나지 않아서 돌아가셨다. '나는 여기가 좋아요. 여기서 살다가 여기서 죽을 거예요.' 하시던 신부님은 그렇게 원하시던 대로 선교지의 교우들 옆에 묻히셨다.

김순겸 신부님 돌아가신 지 일 년도 안 되었는데… 영정 사진만 모시고 본부에서 장례 미사를 드릴 때 우리는 너무 슬펐다. 그리고 박서필 신부님 고별사에서 이렇게 동기 신부님을 그리워하셨다.

후진아.
서품식 때 은인들 앞에서 우리가 약속했던 것을 자네가 먼저 지켰네. 그려!!! 사제복을 입고 관에 들어가고 싶다는 약속이었지… 함께 뛰놀고, 공부하고, 함께 신부가 되었음에도 불구하고, 서로 다른 곳에서, 서로 떨어져서 지낸 시간이 더 많았기에 나는 내년 은경축 여행을 무척이나 고대하고 있었다네…

선교사 삶의 시작과 마침의 순간까지 한결같은 마음을 지녔던 자네였기에 우리 한국외방 전체 형제들 중에서, 처음으로 선교지에 자네 육신까지 묻는 영광을 받나 보네!!! 순겸이 만나서 행복하게나!!!

사랑하고 또 사랑하고픈

　부끄럽게도 나는 내 신앙에 자신이 없다. 내 존재를 의심하고 그분의 존재조차 의심할 때 너무 슬펐다. 내가 티끌임을 잊어버리고 지금 내 모습과 화해하지 못하고 실수에 지나치게 슬퍼하고, 나의 이기적인 상처로 인해 혼란스러워하며 진작 해야 할 일은 늘 미루어졌다.

　또 내가 믿고 싶어 안달하는 것이 무엇인지 묻고 또 물었다. 코엘료의 베로니카*)가 열정 없는 뻔한 삶을 두려워했듯이 아무것도 안 보일 때도 아무 생각도 할 수 없었던 그 수많은 때에도 어제도 오늘 같았고 내일도 오늘과 다를 것 없이 똑같을 것이 두려울 때도, 그럴 때마다 나의 기준점이 되어주고 위로가 되어준 건 말씀을 삶으로 사시는 선교지에서 만났던 신부님 모습이었다.

---

*) 파울로 코엘료 『베로니카, 죽기로 결심하다』

하느님의 현존에 대한 확신 없이 젊음과 온 생을 바쳐 그 황당한 곳에서 살 수 있을까? 베로니카가 죽음 앞에서 생의 의미를 되돌려 받았듯이, 나는 내가 만난 신부님들을 통해서 내가 얼마나 소중하고 감사한 존재인지 깨달은 것이 그분의 사랑임을 알았다. 오늘도 기도가 삶의 열쇠가 되기를 바라며 두 손 모은다.

먼저 하느님께 감사드리며, 고마운 분들이 참 많습니다. 진정으로 격려해 주시고 용기를 주신 정두영 총장 신부님, 이상수 회장님, 부족한 글을 정성으로 채워주신 김학현 신부님, 김지원 님, 저의 망설임을 조금씩 끊임없이 지워주신 김운성 님, 김가원 님, 모든 여정을 함께 해주신 신부님들과 조옥선 부회장님께 감사드립니다.

내 신앙과 삶의 원천, 남편 가브리엘, 아들 미카엘, 라파엘 고맙고 사랑합니다.

2025. 6.

마침글

신부님들을 위해 기도드리며

선교지 어디에 계시든 제각각의 향기로 사시는 신부님들
어떤 신부님은 예수님의 심장을 닮은 향기로
어떤 신부님은 예수님의 미소를 닮은 향기로
어떤 신부님은 예수님의 발뒤꿈치를 닮은 향기로
이 모든 신부님의 향기가 모여 한 분의 예수님이 아닐까?
신부님들을 위해 기도드리며 존경하고 사랑합니다.